W0331990

CONTES

La littérature anglo-saxonne dans la même collection

AGEE, *La Veillée du matin.*
Emily BRONTË , *Hurlevent-des-Monts.*
Charlotte BRONTË, *Jane Eyre.*
CARROLL, *Tout Alice.*
CONRAD, *Au cœur des ténèbres. — Nostromo. — Amy Foster. — Le Compagnon secret. — Sous les yeux de l'occident.*
COOPER, *Le Dernier des Mohicans.*
DICKENS, *David Copperfield.*
FAULKNER, *Monnaie de singe.*
FIELDING, *Joseph Andrews.*
FITZGERALD, *Absolution. — Premier mai. — Retour à Babylone* (bilingue).
HARDY, *A la lumière des étoiles.*
HAWTHORNE, *La Lettre écarlate.*
JAMES, *Les Deux Visages. — Histoires de fantômes* (bilingue).
J. K. JEROME, *Trois hommes dans un bateau.*
MELVILLE, *Moby Dick. — Bartleby. Les Iles enchantées. Le Campanile. — Mardi. — Omoo. — Benito Cereno.*
POE, *Histoires extraordinaires. — Nouvelles Histoires extraordinaires. — Histoires grotesques et sérieuses.*
SHAKESPEARE, *Richard III. — Roméo et Juliette. — Hamlet. — Othello. — Le Roi Lear. — Macbeth. — Le Marchand de Venise. — Beaucoup de bruit pour rien. — Comme il vous plaira. — Les Deux Gentilshommes de Vérone. — La Mégère apprivoisée. — Peines d'amour perdues. — Titus Andronicus. — Jules César. — Antoine et Cléopâtre. — Coriolan. — Le Songe d'une nuit d'été. — Les Joyeuses Commères de Windsor. — Le Soir des rois. — Henry V* (texte original et traduction française). — *La Tempête* (texte original et traduction française). — *Beaucoup de bruit pour rien* (texte original et traduction française). — *La mégère apprivoisée* (texte original et traduction française).
SHELLEY, *Frankenstein.*
STERNE, *Tristram Shandy. — Le Voyage sentimental.*
STEVENSON, *Le Maître de Ballantrae. — L'Ile au trésor. — Le creux de la vague* (à paraître).
THACKERAY, *Le Livre des Snobs. — Barry Lyndon.*
WELTY, *L'Homme pétrifié.*
WHARTON, *Le Temps de l'innocence. — La Récompense d'une mère. — Vieux New York* (à paraître).
WOOLF, *La Traversée des apparences.*

HAWTHORNE

CONTES

Préface, bibliographie et chronologie
de
Jean-Pierre NAUGRETTE,

Traduction et notes
de
Charles CESTRE

GF-Flammarion

© 1968, Aubier, Paris
© 1993, Flammarion, Paris, pour cette édition
ISBN : 2-08-070681-0

PRÉFACE

« Hawthorne épouvante – enchante. »
Émily DICKINSON.

Un certain décalage[1]

Les *Contes* de Nathaniel Hawthorne — une centaine au total — ont été écrits entre 1830 et 1852. Cette phase a souvent été considérée par la critique comme une période de gestation ou de recherche précédant celle qui produisit les chefs-d'œuvre que sont *La Lettre écarlate* (1850) et *La Maison des sept pignons* (1851). Il est pourtant trop simple d'opposer ces deux phases de manière radicale, comme on distinguerait obscurité de célébrité, œuvre mineure d'œuvre majeure, ou encore conte de roman. Loin d'être des esquisses préparatoires ou des brouillons plus ou moins achevés, les *Contes* de Hawthorne constituent en fait un corpus à

1. Pour plus amples développements sur la situation de Hawthorne par rapport à l'histoire du puritanisme américain, on pourra consulter, outre ses articles et ouvrages cités dans la Bibliographie, le *Cours* de Pierre-Yves Pétillon sur Hawthorne, Vanves, CNED, 1991, 2 fascicules. Par son enseignement et ses travaux, P.-Y. Pétillon est l'un de ceux, dans la lignée de Jean-Jacques Mayoux, qui ont sans doute fait le plus pour mieux faire connaître au public français la littérature américaine. Cette préface lui est dédiée.

part entière, dont l'importance, soulignée par des écrivains comme Edgar Poe, Herman Melville, Henry James ou Jorge Luis Borges, est considérable.

L'objet principal de ces *Contes* est la vie des Puritains américains de la Nouvelle-Angleterre, et notamment de la colonie de Boston (Massachusetts), dans une période qui va le plus souvent de 1630 aux années 1770, c'est-à-dire depuis la fondation de la ville par les Pères fondateurs venus d'Angleterre jusqu'à la période pré-révolutionnaire. Avouons pourtant qu'il est possible de lire ces *Contes* aujourd'hui sans s'apercevoir que leur auteur n'appartient pas à cette période, qu'il est né en 1804 (un quatre juillet, jour de la fête nationale américaine), en d'autres termes, qu'il appartient à une génération pour laquelle le paysage littéraire était moins américain qu'européen, et plutôt dominé par les prestigieuses figures du romantisme anglais en vogue à l'époque, de Lord Byron à Walter Scott. S'intéresser comme le fait Hawthorne à l'histoire de ces premières colonies, remonter aux origines mêmes de la nation américaine suppose donc un certain décalage qui ne manque pas d'intriguer.

Un décalage analogue apparaît également dans l'histoire américaine contemporaine de Hawthorne. Si 1776 est habituellement reconnue comme la date marquant la naissance de l'Amérique indépendante, les historiens font remonter sa véritable émancipation à 1803, date à laquelle le président Thomas Jefferson achète la Louisiane à l'empereur Napoléon, ouvrant ainsi une bonne partie de l'espace continental à la nouvelle nation américaine. En 1804, Jefferson charge Lewis et Clark d'explorer cet immense territoire qui va au-delà du Mississippi jusqu'au Pacifique : la naissance de Nathaniel Hawthorne coïncide ainsi avec cette nouvelle exploration du continent, et situe sa vie non pas seulement par rapport au passé puritain de l'Amérique, mais aussi en liaison avec son développement contemporain. Toute la vie de Hawthorne, tant personnelle que littéraire, sera marquée par cette ambiguïté.

D'une lignée américaine

Né à Salem, dans le comté d'Essex de la Nouvelle-Angleterre, Nathaniel Hawthorne appartient à la sixième génération des Hawthorne vivant dans le Nouveau-Monde. Sa lignée s'établit comme suit : 1. William Hathorne (1606-1681) 2. John Hathorne (1641-1717) 3. Joseph Hathorne (1692-1762) 4. Daniel Hathorne (1731-1796) 5. Nathaniel Hathorne (1775-1808) 6. Nathaniel Hawthorne (1804-1864). L'histoire de la famille correspond bien avec celle de l'Amérique puritaine : l'ancêtre William est né vers 1606 en Angleterre, et converti au Puritanisme, a effectué la traversée outre Atlantique en 1630, l'année fondatrice où le gouverneur John Winthrop est venu avec sa flottille coloniser le Nouveau Monde. Dans le prologue à *La Lettre écarlate,* Hawthorne fera référence à ce « premier ancêtre » dont, dit-il, le sombre caractère n'a cessé de le « hanter », mais aussi d'induire en lui une « familiarité avec le passé » lui permettant de « revendiquer » ses liens avec Salem, tant cet homme vêtu de noir, avec sa Bible et son épée, incarne à ses yeux « tous les traits puritains, à la fois bons et mauvais ». De fait, les autres ancêtres, par leurs fonctions de juges ou de magistrats, appartiennent à l'histoire officielle de la colonie, notamment lors des procès en sorcellerie qui l'agiteront en 1692, dont Arthur Miller se fera l'écho avec sa célèbre pièce *Les Sorcières de Salem* (1953).

Cette lignée s'interrompt pourtant dans une certaine mesure avec Nathaniel, le père du romancier, dont la profession est plus aventureuse que celle de ses ancêtres : au lieu de terminer ses vieux jours tranquillement dans la propriété familiale, ce capitaine au long cours commet ainsi l'erreur, alors que son fils n'a que quatre ans, de mourir au Surinam (Guyane hollandaise) de la fièvre jaune, à l'âge de trente-trois ans. Comme Melville, Hawthorne est orphelin de père. Un père d'entrée absent, une mère, Elizabeth, qui s'installe aussitôt dans la maison de ses parents avec ses

quatre enfants, et qui restera confinée dans sa chambre tout le restant de sa vie, voilà qui délimite très tôt le territoire psychologique de l'écrivain. Par rapport à la lignée des Hathorne, on remarque ainsi l'apparition du « w », que Nathaniel introduit à partir de 1825, de la même manière que William Faulkner devait transformer le nom de ses ancêtres, Falkner. La lettre nouvelle dans le nom du père, c'est bien sûr une manière de compenser, de combler son absence, mais aussi de se forger un nom à soi, de commencer une lignée nouvelle dont Nathaniel Ha*w*thorne serait l'ancêtre.

Mais le choix de ce nouveau nom n'est pas non plus innocent. Dans le prologue de son conte intitulé « La fille de Rappaccini », Hawthorne épouse la voix apparemment anonyme d'un critique évoquant les écrits de « M. de l'Aubépine », un nom qui sonne français, noble qui plus est. « Aubépine », c'est *hawthorn* en anglais, comme si le nouveau Nathaniel cherchait non sans humour à trouver une légitimité pour ses contes en se forgeant une personnalité fictive d'écrivain français appartenant à un continent dont la littérature possède une histoire depuis longtemps reconnue. Ce qui n'était pas du tout le cas, en ce début de XIXe siècle, pour la littérature américaine.

De l'écriture en Amérique

Comment être écrivain en Amérique ?

En 1819, alors que Hawthorne a quinze ans, Washington Irving publie les nouvelles de son *Sketch Book,* son « livre d'esquisses », dans lesquelles il adapte avec succès un vieux fonds de légendes hollandaises à l'ancienne Nouvelle-Amsterdam, à savoir l'État de New York. Hawthorne suivra plus tard l'exemple d'Irving, en important lui aussi un matériau européen pour construire la nouvelle fiction américaine : ce n'est pas un hasard si Lady Éléonore vient de Londres, ni si le peintre des « Peintures prophétiques » a

été formé à l'école européenne. En 1825, un autre écrivain, Longfellow, prononce une conférence intitulée « Nos écrivains autochtones », dans laquelle il pose la question de la difficile mais nécessaire allégeance des nouveaux écrivains américains à la littérature de la Vieille Angleterre, en concluant que son rejet pur et simple est pour l'instant impossible. Alors que la guerre maritime avec l'Angleterre s'est achevée en 1814 avec le traité de Gand, alors que l'indépendance politique de l'Amérique semble acquise en ce début de siècle, il n'en va pas tout à fait de même, en 1825, sur le plan littéraire.

Plusieurs types de réponses et de comportements se font jour dans ces années-là. La première attitude consiste à dire que l'écrivain américain doit s'affranchir de la servitude anglaise. C'est la stratégie d'Emerson (« Le Lettré américain », 1837), mais aussi de Melville, qui dans son texte sur Hawthorne (« Hawthorne et ses mousses », 1850), évoque la nouveauté édénique de ce continent en rejetant avec force l'idée d'une éventuelle imitation des modèles anglais : pas question, dit-il, d'avoir des Goldsmith ou des Milton américains, c'est impossible en Amérique. Cet immense pays peut et doit posséder une littérature à son échelle, capable de rivaliser avec ses merveilles, voire ses monstres, comme par exemple les chutes du Niagara. C'est la stratégie adoptée par Melville, de manière souvent tonitruante et burlesque comme dans *Moby Dick,* mais aussi par Hawthorne, bien qu'avec plus d'ambiguïté. Dans « Les peintures prophétiques », on voit ainsi Hawthorne osciller entre deux sources d'inspiration possibles pour son peintre anonyme, qui pourrait bien être une figure de l'artiste en Amérique. Si dans un premier temps il semble refuser l'inspiration des « artistes américains » qui empruntent leurs couleurs aux Indiens et s'inspirent de l'immensité du paysage, s'il tient bien tout son « art » de la culture européenne, reste que son voyage dans le Nord américain, vers la fin de la nouvelle, est décrit comme un enrichissement considérable : la nature, dans sa splen-

deur, dépasse alors tous les tableaux du Vatican. Il s'agit d'une véritable révélation : « tout ce que porte le sein usé de l'antique terre, lui avait été révélé sous une forme nouvelle ». En été 1832, Hawthorne fera lui-même un voyage de quatre mois dans le New Hampshire et le Vermont, et si les biographes ont tendance à croire aujourd'hui que sa visite au Niagara est plus imaginaire que réelle, du moins peut-on écouter, comme disait Melville, le « mugissement lointain » de ces cataractes au sein de sa fiction[2].

L'autre attitude est plus proche de l'analyse lucide effectuée par Longfellow. Dans ce pays qui, par définition, ne saurait donner à voir de ruines médiévales, de châteaux gothiques ou de monastères envahis par la végétation, il semble impossible de rivaliser avec les Shakespeare, Byron, Scott ou Victor Hugo. Hawthorne formulera cette difficulté dans sa préface au *Faune de marbre* (1860), ce dernier roman inspiré de son séjour en Italie, comme si jusqu'au bout cette question n'avait cessé de le hanter.

Faute de matériau suffisant, l'écrivain américain a la possibilité de l'importer d'Europe, à la manière de Washington Irving. Le gothique, le fantastique, l'étrange n'existant pas dans le Nouveau-Monde, autant aller le prendre là où il se trouve. Dans Shakespeare, par exemple. C'est ce que fait Hawthorne dans « La marque sur le visage », avec cette main imprimée sur la joue de Georgiana, tour à tour « sanglante », « spectrale », « écarlate », « fatale » et surtout « petite » telle la « petite main » sanglante de Lady Macbeth, cette main que rien, pas même les parfums d'Arabie, ne saurait purifier (Acte V, sc. 1). Dans tout le fonds de la littérature européenne aussi : de Tieck, Hoffmann ou Chamisso à Mary Shelley, dont le célèbre *Frankenstein* (1818) a pu servir de modèle à tous ces contes de savants épris d'alchimie, de sciences occultes et autres fantasmes scientifiques qui

2. « *The far roar of his Niagara* », écrit Melville à propos des œuvres de Hawthorne dans « Hawthorne and his Mosses », inclus dans l'édition McIntosh des *Contes* (*Tales*, p. 346).

peuplent l'œuvre de Hawthorne. Il est ainsi frappant de constater qu'Aylmer, dans « La marque sur le visage », est décrit comme un « pâle philosophe » ayant lu Albertus Magnus, Paracelse et Cornelius Agrippa, c'est-à-dire très exactement la même littérature que Frankenstein dans sa jeunesse[3]. Le héros de Mary Shelley et celui de Hawthorne possèdent la même bibliothèque scientifique : voilà la littérature américaine dotée d'un espace littéraire approprié. En explorant plus avant l'étrange laboratoire d'Aylmer, le lecteur fera la rencontre d'Aminadab, l'horrible assistant au système pileux trop développé pour être honnête, qui sent la cornue et les fourneaux, et incarne « la nature physique de l'homme » par opposition à « l'élément spirituel » que représente son maître : cette fois, on sent que le conte de Hawthorne, après avoir emprunté à Mary Shelley, est capable à son tour d'ensemencer des fictions nouvelles, tant Aylmer annonce ici le Dr Jekyll, et Aminadab le Mr. Hyde de Robert Louis Stevenson[4]. Le détour par l'espace littéraire européen est ici doublement fécond, et ne saurait se confondre avec de simples questions d'emprunt ou de plagiat : en revendiquant l'héritage du Vieux Monde, non seulement la fiction américaine peut exister, mais elle est aussi en mesure d'influencer la littérature européenne en retour, saisissant phénomène de *feedback* qui transforme le rejeton en ancêtre, le nouveau en ancien, l'apprenti en sorcier.

3. Albertus Magnus (v. 1200-1280) : théologien, philosophe et savant allemand qui joua un rôle essentiel dans l'introduction de l'aristotélisme dans l'Europe médiévale, et qui, selon la légende, était également magicien. Paracelse (1493-1541) : médecin et alchimiste suisse, à qui l'on doit d'importantes découvertes en chimie et en pharmacie. Cornelius Agrippa (1486-1585) : écrivain et savant allemand, qui dans son *De Occulte Philosophia* avance que la magie est la plus parfaite des sciences, et conduit les hommes vers la connaissance de Dieu. Tous les trois sont cités au chapitre 2 de *Frankenstein* comme étant les auteurs favoris du héros de Mary Shelley.

4. Sur le rapprochement entre les deux textes de Hawthorne et de Stevenson, voir Robert Micklus, « Hawthorne's Jekyll and Hyde : The Aminadab in Aylmer », cité dans la Bibliographie.

Le danger d'une telle attitude, du point de vue américain lui-même, est celui dénoncé par Melville : l'imitation, ou bien, selon Edgar Poe, un manque flagrant d'originalité, et Poe d'invoquer le précédent de Ludwig Tieck (1773-1853) « dont la manière, dans *certaines* œuvres, est absolument identique à la manière *habituelle* de Hawthorne[5] ». C'est sans doute pour défendre en partie Hawthorne contre ces accusations que certains biographes, se fondant sur les dix années (1825-1835) passées par l'auteur dans la vieille maison familiale de Herbert Street, à Salem, ont pu construire l'image d'un écrivain vivant replié sur lui-même, dans un état de semi-claustration, celle d'un écrivain-fantôme dans une ville-fantôme :

> « Salem, comme tout le littoral de la Nouvelle-Angleterre, était hanté d'histoires de bonnes femmes et de légendes de vieux loups de mer. Il n'y avait pas besoin de les inventer ; on les apprenait dans les tavernes de la bouche des marins, des charbonniers qui avaient l'air de sorciers, des propres à rien flânant le long des quais. Récits de maisons hantées, de squelettes trouvés dans des cabinets fermés à clef, de coups frappés à des portes murées [...] Salem était le carrefour des légendes [...] Nathaniel Hawthorne vivait lui-même comme un fantôme, dans une petite chambre sous le toit[6]. »

Au fond, dit Van Wyck Brooks, Hawthorne n'avait nullement besoin d'aller chercher ailleurs les histoires de fantômes ni tout le cortège d'éléments gothiques qui semblait faire si cruellement défaut au paysage américain : il suffisait de rester à Salem, dans ces années où la ville subit un déclin économique à la suite de la guerre maritime contre l'Angleterre, où les vieux quais pourrissent, où la végétation envahit les maisons, pour trouver localement un terroir propice à l'écriture d'histoires. Dans sa préface au recueil inti-

5. E.A. Poe, « Tale-Writing — Nathaniel Hawthorne » (1847), in McIntosh, p. 333 (c'est nous qui traduisons).
6. Van Wyck Brooks, cité par P.-Y. Pétillon, *Cours, op. cit.*, fascicule 1, p. 21-22.

tulé *The Snow-Image and other twice-told tales* (1851), Hawthorne se décrira lui-même comme envahi, cerné par cette végétation moussue dont parle Melville dans son texte, tel un écrivain de conte de fées recroquevillé dans son château au bois dormant.

On sait aujourd'hui que cette vision propagée par Van Wyck Brooks ne correspond sans doute pas à la réalité. Hawthorne ne vivait pas en reclus, mais avait fait des voyages, peut-être dès 1825. On peut se demander s'il faut prendre la préface de 1851 au pied de la lettre, et si toute la végétation dont l'auteur se dit entouré n'est pas plus métaphorique que littérale. Surtout, la critique de Hawthorne s'attache désormais à montrer que son œuvre n'est pas la pure émanation d'un génie local vivant dans un lieu hanté et vermoulu, mais s'inscrit dans un champ culturel donné. Entre les deux extrêmes que sont la version d'un Hawthorne copiant servilement les auteurs européens (Poe) et celle d'un auteur retranché au milieu de fantômes exclusivement américains (Brooks), le projet littéraire de Hawthorne et son équation personnelle en tant qu'écrivain américain ne peuvent se comprendre sans qu'on les mette en rapport avec une lignée qui n'est plus seulement familiale mais générale, celle de l'histoire des Puritains venus d'Europe, puis installés en Amérique au XVIIe siècle.

Du puritanisme : Hawthorne ou l'ambiguïté

L'année où le jeune Hawthorne, âgé de vingt et un ans, sort de Bodwoin College et revient à Salem est également celle où l'on célèbre le cinquantième anniversaire de la Révolution américaine. Dans son grand discours de 1825 à Bunker Hill, Daniel Webster montre ainsi que la Révolution pouvait déjà se déduire de la traversée des Puritains vers le Nouveau Monde, qu'elle faisait partie d'une longue et harmonieuse croissance, d'un progrès constant des Lumières, et n'avait rien de comparable avec une émeute, une

rébellion violente, un accident de l'Histoire. Cette rhétorique patriote s'amplifie dans les dix années suivantes pour culminer avec la publication du premier volume de la grande *Histoire des États-Unis à partir de la découverte du continent américain* de George Bancroft (1834). Selon Bancroft, le « Michelet américain », l'Histoire américaine fait un tout homogène : le triomphe de la Liberté que marque la Révolution des années 1770 ne saurait introduire la moindre solution de continuité par rapport au legs puritain initial, au projet d'installer en Nouvelle-Angleterre une « Plantation du Seigneur » d'une biblique pureté[7].

On est ici au cœur du problème Hawthorne, qui pourrait s'apparenter à ce qu'est le trompe-l'œil en peinture. Ce problème est simple : il vient de ce que Hawthorne ne dit pas autre chose que Bancroft. Du moins en apparence.

Ainsi, à la fin de « Endicott et la Croix Rouge », Hawthorne — ou plutôt, le narrateur — voit dans le découpage de la Croix rouge dans la bannière de la Nouvelle-Angleterre le « premier signe » de la délivrance, de l'arrachement à la tyrannie anglaise que les Pères fondateurs avaient fuie. Mais avant d'en arriver là, avant cette proclamation triomphale, ce morceau de tissu arraché, le texte donne à voir au lecteur une esquisse (*sketch*) des pratiques puritaines à Salem : ce ne sont que piloris, poteaux où l'on fouette les personnes accusées de déviance, châtiments corporels allant de la joue marquée au fer rouge jusqu'à l'oreille que l'on rogne comme celle des chiots, humiliations diverses, exhibitions infamantes, tout un arsenal répressif dont le narrateur se contente apparemment de dresser la liste sans autre commentaire qu'un appel au lecteur pour qu'il ne condamne pas trop hâtivement ces pratiques. Or la superposition de ce texte avec d'autres contes est suffisamment éloquente pour montrer à quel point Hawthorne se démarque de Ban-

7. Sur ce motif, on lira plus particulièrement « La Plantation du Seigneur, son éclipse », in P.-Y. Pétillon, *L'Europe aux anciens parapets,* p. 9-60.

croft et de l'historiographie de son temps. Il suffit par exemple de lire « L'Arbre de Mai de Merry Mount », où apparaît encore le gouverneur Endicott, pour se rendre compte que le narrateur hawthornien renvoie dos à dos les deux camps qui s'affrontent autour de ce poteau qui semble être le pendant païen du poteau de flagellation puritain : entre les joyeux drilles qui s'adonnent à tous les excès autour de l'arbre phallique et les sombres Puritains qui viennent interrompre la fête carnavalesque, il se refuse à trancher, en se contentant de préciser qu'à travers ce conflit se joue ni plus ni moins que « le futur visage de la Nouvelle-Angleterre ». Si les saints sinistres devaient l'emporter définitivement sur les pécheurs effrénés, le pays tout entier deviendrait un univers monotone de psaumes, de sermons, de labeur, à tout jamais. De même que Walter Scott décrivait dans ses romans le passage difficile, en Écosse, d'une société tribale primitive à une société civilisée, Hawthorne se fait ici le peintre d'une ligne de partage qui ne serait pas seulement géographique mais intérieure : si le clan des Endicott l'emporte, c'en est fini de la joie de vivre, de la sauvagerie des forêts touffues et profondes, de ces coutumes importées de la *merry old England* qui survivent sur ce territoire encore vierge dont les Indiens rôdant dans les fourrés représentent le côté barbare face aux Puritains qui défrichent, colonisent, excluent, punissent. Endicott dégaine alors son épée et abat l'arbre de Mai : geste symbolique, castrateur. Dans les deux contes, Endicott est celui qui déchire, abat.

Tout ce que l'historiographie officielle à la Bancroft avait ainsi tendance à passer sous silence pour ne plus voir qu'un harmonieux progrès des Lumières depuis l'installation des Puritains en Nouvelle-Angleterre est ainsi exposé, sinon dénoncé. Il y aura toujours chez Hawthorne une tristesse, un regret mélancolique de quelque chose qui s'est perdu, un peu de la gaieté primitive que les Puritains, ces sombres ancêtres, ont définitivement chassée. Dans « La Quête du Lys », les deux amoureux aux noms qui fleurent l'innocence

d'un monde édénique (Adam Forrester : Adam le forestier/Lily Fay : le lys, la fée) vont être poursuivis, dans leur quête du bonheur, par un sombre personnage mélancolique qui va systématiquement rabattre leur joie en les décourageant de bâtir à chaque fois qu'ils auront cru trouver un endroit idéal. L'homme en noir ressemble comme un frère à Endicott : il est le « trouble-fête de l'amour » que Freud décèle dans *L'Homme au sable* de Hoffmann, celui par lequel l'amour n'aura pas lieu et s'inversera dans la mort. Endicott n'en finit pas de faire des ravages. Dans « La marque sur le visage », dont on a pu remarquer à quel point il jouait, sous couvert de recherche scientifique, sur tout un vocabulaire de type religieux[8], Aylmer ne fait rien d'autre, en voulant éradiquer à tout prix — même celui de la mort — la « tache sanglante » qui souille selon lui la beauté parfaite de sa bien-aimée. Entre l'arrachage de la Croix rouge du drapeau anglais et la tentative d'effacer l'emblème de la « main sanglante » sur la joue de cette jeune femme au nom (Georgiana) qui rappelle celui des rois d'Angleterre (George), c'est bien d'une même obsession maniaque de la pureté qu'il s'agit.

L'attitude ambiguë de Hawthorne vis-à-vis de l'histoire puritaine se retrouve à travers son projet littéraire. Certes, lorsqu'il s'agit d'embrasser une carrière, c'est à la littérature que vont très tôt ses préférences. Dans une lettre à sa mère adressée depuis Bodwoin en 1821, il évoque plusieurs types de professions (ministre du culte, homme de loi, médecin), avant de conclure qu'il préfère devenir homme de lettres (*an Author*) et tenter de vivre de sa plume, comme l'avait fait Irving auparavant. En Amérique puritaine, toute écriture doit cependant se poser par rapport à l'Écriture (sainte) qui prédomine dans la culture de la Nouvelle-Angleterre depuis l'origine, dès le XVIIe siècle. Dans un célèbre passage du prologue à *La Lettre écar-*

8. Voir l'article de Robert B. Heilman mentionné dans la Bibliographie.

late, Hawthorne évoque ainsi la réaction imaginaire de ses sombres ancêtres puritains en apprenant que leur indigne rejeton a embrassé la carrière littéraire, l'un d'eux allant même jusqu'à le traiter de « dégénéré » : comment glorifier Dieu, dit-il, avec pareille profession ? La question a beau être fictive, elle est redoutable, car elle touche au plus profond du projet littéraire hawthornien. Jorge Luis Borges a sans doute raison de rappeler la parenté existant entre Hawthorne et Stevenson, tous deux fils de Puritains, l'un issu de magistrats, l'autre de pasteurs calvinistes, et qui ont tous deux intégré dans leur conscience morale, mais aussi dans leur projet d'écrivain, ce reproche formulé réellement ou non par leurs ancêtres, à savoir que l'activité littéraire n'est que frivole, voire immorale, car relevant du péché[9].

L'objection est de taille : il ne s'agit plus seulement d'écrire sur le Puritanisme américain, mais de surmonter par l'écriture même les obstacles que le Puritanisme familial a semé sur le chemin de l'écrivain.

Humour, moralité, noirceur

La réponse de Hawthorne à cette question qu'il se pose à lui-même ne sera pas univoque, encore moins directe. Par l'intermédiaire de ses narrateurs divers, l'auteur des *Contes* va faire entendre une voix originale à travers laquelle le lecteur aura garde de ne jamais oublier que cette stratégie littéraire est aussi un jeu, une esquive, un masque, comme si le narrateur hawthornien se voulait à jamais insaisissable, inclassable, inimitable.

L'une des premières manières de répondre à l'objection des ancêtres consiste à dire que ces *Contes* ne doivent pas être pris au sérieux, qu'ils sont, à tout prendre, de simples et banales élucubrations, des « esquisses » qui n'engagent à rien.

9. Voir l'article de J.L. Borges inclus dans l'édition McIntosh, p. 405-415, texte d'une conférence donnée à Buenos Aires en 1949.

Il y a bien de l'humour chez Hawthorne, qui prend des formes diverses, notamment une manière de comique de répétition qui sous-tend ses contes apparemment les plus sérieux. Dans « La marque sur le visage », l'accumulation des expériences effectuées par Aylmer sous les yeux sidérés de Georgiana. Dans « La Quête du Lys », le retour systématique et prévisible de Walter Gascoigne. Dans « Le voile noir du ministre », les conséquences sur la petite communauté de Milford d'un simple morceau d'étoffe, qui n'est pas sans annoncer, par le caractère à la fois simple et radical, tranquille et ravageur de cette prise de distance par rapport à une société donnée, le texte « violemment comique[10] » qu'est le « Bartleby » de Melville. L'humour hawthornien peut aller de l'ironie douce (« Monsieur du Miroir », où il évoque son propre reflet dans la glace) à l'ironie tragique (« La marque sur le visage », où Georgiana précipite sa propre perte) en passant par la « logique de compulsion » (Crews) qui anime souvent ses personnages, inversant alors la potentialité comique du conte pour le transformer en chronique d'une tragédie annoncée, comme dans « La Quête du Lys », dont le titre flamboyant masque en fait un échec. Humour, donc, mais souvent humour noir : l'ironie est inscrite au cœur du récit, et tend paradoxalement à ramener le sérieux dans le comique, la violence dans l'apparent badinage.

Le second type de réponse consiste à écrire des contes « moraux » : puisque l'activité littéraire est menacée de frivolité, Hawthorne écrira des contes de moralité, de la même façon que Stevenson écrira par exemple des *Fables*. C'est la réaction instinctive de Borges lorsqu'il rapproche les deux auteurs, en invoquant la composition de ces contes qui s'achèvent souvent par une « morale », à moins qu'ils ne portent en sous-titre, comme ici « Le voile noir du ministre », le mot « parabole », qui l'apparente au registre reli-

10. Gilles Deleuze, postface à *Bartleby, les Iles enchantées, Le Campanile*, Paris, GF Flammarion, nº 502, 1989, p. 171.

gieux. Borges fait cependant remarquer que l'emprunt d'une forme littéraire donnée ne suffit pas à garantir le sérieux ni la portée du contenu, et tend à considérer ces conclusions moralisantes comme fausses ou plaquées par rapport à toute la « vision » qui précède[11]. En fait, Borges se montre beaucoup plus sensible à la puissance de l'imagination hawthornienne, à son traitement des symboles — qu'il rapproche du travail onirique — qu'à un éventuel contenu moral qu'il faudrait prendre au pied de la lettre. C'est aussi la position de Henry James, qui tout en reconnaissant que l'esprit de Hawthorne était fortement influencé par « le sens du péché », qualifiait celui-ci d'« importé », et ses vues sur le puritanisme d'« intellectuelles » ou ludiques, comme un peintre se sert d'un « pigment » pour colorer sa toile[12]. On voit bien que Borges et James se refusent à accepter l'idée d'une adhésion pleine et entière de Hawthorne à la moralité de ses *Contes,* et revendiquent une certaine autonomie de l'écrivain ou de l'artiste par rapport au contenu manifeste du message moral proposé : après tout, ces textes sont *aussi* des contes, et non de simples fables. Il y a bien un art particulier à Hawthorne, un travail de la forme, un maniement de l'allégorie (que Borges rapproche de G.K. Chesterton) qui le démarquent autant du moralisme qu'il est éloigné du puritanisme pur et dur de ses ancêtres.

Une troisième lecture des *Contes* de Hawthorne est possible, qui a le mérite d'être à la fois nuancée et cohérente, et rassemble à elle seule divers arguments précédemment avancés. Elle émane d'un autre écrivain, Herman Melville qui, dès 1850, développait les points suivants[13] qu'on peut résumer ainsi :

1. Il y a deux « faces » dans l'âme de Hawthorne, l'une ensoleillée, l'autre enveloppée dans une profonde et très sombre obscurité.

11. Borges, *op. cit.*, p. 413-414.
12. Voir Henry James, « Early Writings », inclus dans l'édition McIntosh, p. 352.
13. H. Melville, *op. cit.*, p. 341, note 2.

2. Mais cette obscurité n'en a que plus de pouvoir pour mettre en valeur cette aube mouvante qui parcourt son univers.
3. Quant à savoir si Hawthorne s'est simplement servi de cette « noirceur mystique » pour les effets extraordinaires qu'il réussit à créer dans ses jeux d'ombres et de lumières, ou s'il y a vraiment en lui, peut-être à son propre insu, quelque chose de cette obscurité puritaine, il m'est impossible (dit Melville) d'en décider.
4. Néanmoins, ce « grand pouvoir des ténèbres » qu'il tient du sentiment calviniste de la dépravation innée et du péché originel en l'homme est permanent, envahissant chez lui, même si l'homme Hawthorne est « inoffensif ».
5. C'est cette noirceur qui moi, Melville, me fascine en lui.
6. C'est elle qui remplit « l'obscurité infinie » de son « arrière-plan » *(background)*, et l'apparente en cela à Shakespeare.

En n'hésitant pas à évoquer la « noirceur » des textes de Hawthorne, Melville formule en fait un certain nombre d'hypothèses qui touchent tout autant à la personnalité profonde de l'auteur qu'à son art de l'écriture, et préparent en cela des analyses modernes.

Pas question, dit Melville, de nier la sombre coloration des *Contes* de Hawthorne[14], ni de chercher à gommer l'héritage puritain : mais il y a doute sur le caractère conscient, délibéré de cette revendication des ténèbres, qui pourrait bien faire partie, suggère-t-il, de ce qu'il faudrait appeler la palette de Hawthorne, un jeu subtil sur l'ombre et la lumière annonçant le « pigment » hawthornien dont parlera James.

Pas question non plus de tirer à tout prix son œuvre vers un soleil qui ne pourrait être, en tout état de cause, et pour reprendre ici la célèbre expression de Nerval, que « le soleil noir de la mélancolie » : mais cette noirceur pourrait faire aussi partie d'une rhétorique héritée du XVIIe siècle[15], mieux, remplir « l'arrière-plan » de Haw-

14. C'est ainsi, par exemple, que « Young Goodman Brown » s'achève sur le mot « ténèbres » (*gloom*).

15. *this black conceit,* dit Melville (*op. cit.*, p. 341). Henry James reprendra le même mot, *conceit,* qui renvoie à un trait d'esprit ou à une expression codée, notamment dans la poésie du XVIIe siècle.

thorne, au sens où l'écrivain américain a peine à trouver en son propre pays le moindre paysage susceptible de devenir littéraire. Or c'est du côté de la noirceur mélancolique, et non de l'obscurité béate, que l'on peut, en Amérique, espérer créer des personnages s'apparentant et se comparant aux sombres figures que sont les Hamlet, Timon d'Athènes, Lear ou Iago, pour ne prendre que l'exemple de Shakespeare.

Du vivant même de Hawthorne, la position de Melville a également le mérite de relier des thèmes essentiels que la critique récente reprendra pour mieux les amplifier : le conscient et l'inconscient, le biographique et l'esthétique, l'art et la mélancolie. Frederick Crews prend ainsi au sérieux le combat intérieur, avec toute la violence qu'il suppose, auquel s'est sans doute livré Hawthorne pour appréhender son héritage calviniste. À partir d'un sentiment de culpabilité qui serait au centre de l'œuvre et profondément lié aux interdits que la figure paternelle fait peser sur les pulsions, Hawthorne, selon lui, réussit le prodige de se couler dans le moule du puritanisme de ses ancêtres tout en laissant entrevoir un espace de liberté à ses propres pulsions : d'où ces descriptions de flagellations, ces femmes à demi-nues victimes d'une répression que l'auteur, en apparence du moins, se garde bien de condamner. En somme, Hawthorne jouerait sur les deux tableaux, feignant d'adopter le point de vue de la moralité puritaine pour mieux dévoiler, l'espace de quelques phrases, ces corps, ce sein que sa propre éducation ou une partie de lui-même ne sauraient voir. C'est là le « compromis » évoqué par Crews[16], qui plus généralement souligne l'ambiguïté des rapports qu'entretient Hawthorne avec son art, et ses implications morales. Si figure paternelle il y a, non seulement elle ne saurait coïncider avec le propre père de l'écrivain, trop tôt disparu, et renverrait plutôt à la lignée de ces portraits d'ancêtres, mais ce qu'il peut y avoir de répressif dans l'héritage puritain fait partie

16. F. Crews, *The Sins of the Fathers : Hawthorne's Psychological Themes*, II, p. 31.

intégrante de la personnalité de l'écrivain, sans peut-être que celui-ci s'en rende vraiment compte. Entre la nécessité d'éviter les reproches émanant de ces « pères » austères, de devenir un écrivain à part entière, et d'échapper à la censure, Hawthorne serait à la fois, selon Crews, « l'artiste-victime de la censure, le censeur en personne, et l'analyste perspicace du statut ambigu qu'est celui du censeur[17] ». On retrouve ici sous une autre forme l'idée melvillienne d'une double personnalité de Hawthorne, non plus exprimée en termes d'obscurité et de lumière, mais de censure et d'écriture, de refoulement et de jouissance : la littérature devient le lieu même et l'enjeu de cette partie difficile que joue Hawthorne avec ses ancêtres, c'est-à-dire avec lui-même. Crews s'appuie précisément sur le prologue de *La Lettre écarlate* où Hawthorne utilise la métaphore de l'entrelacement *(intertwined)* pour qualifier la relation qu'il entretient avec sa famille, terme qui refait surface dans les premières pages de « La marque sur le visage » à propos des deux amours d'Aylmer, celui qu'il éprouve pour sa bien-aimée, et celui qu'il ressent pour la science. Loin d'être extérieur au moi de l'écrivain, ce « sens du passé » que Crews analyse chez Hawthorne en reprenant le titre d'un roman de Henry James ne fait qu'un avec le sens de l'identité, et l'acte d'écrire devient alors un jeu permanent avec soi-même. Après Crews, Colacurcio évoquera quant à lui le caractère « psycho-historique » de sa fiction : écrire signifie jouer à soi-même, et avec soi-même, avec son propre masque, son propre déguisement, le jeu toujours recommencé de sa relation avec l'Histoire, avec sa propre histoire.

Un don splendide

Jeu avec les mots, sur les mots, d'abord et avant tout. Les *Contes* de Hawthorne fusent de ces jeux verbaux autour desquels tourne le sens dans un vertige

17. *Ibid.* C'est nous qui traduisons.

permanent. Dans « La marque sur le visage », le mot *aliment* peut ainsi se retourner en *ailment,* l'aliment en maladie. De même, le seul mot *mark* peut être lu soit comme un « charme » émanant d'un conte de fées, soit comme une « marque » qui pour Aylmer (« elle meurt » ?) serait infamante : le fantastique hawthornien est bien là, dans l'incertitude des gloses et des commentaires. Dans « Les peintures prophétiques », c'est le mot *gift* qui est nécessairement ambigu, surtout lorsqu'il est associé à l'adjectif *awful,* car de « don » ou de « talent » il se métamorphose très vite en « poison[18] », qui empoisonne métaphoriquement la vie du jeune couple. C'est encore, dans « Le voile noir du ministre », un jeu qui informe tout le conte et suffit à caractériser l'ambiguïté de la curieuse décision prise par Mr Hooper : *veil,* le voile, peut en effet se retourner en *evil,* le mal, car c'est en s'affublant lui-même du voile mystérieux que le pasteur entend dénoncer le mal invisible qui orne le visage de ses ouailles. « Voilà bien », comme le soulignait Jean-Jacques Mayoux, « le cœur du monde d'Hawthorne, autour de quoi il tourne sans cesse d'une façon un peu confuse car, d'une part, il reste attaché à la hiérarchie puritaine des valeurs et ne se fait pas faute de prononcer des condamnations particulières, mais, d'autre part, il semble surtout vouloir proclamer une sorte de fraternité universelle et méconnue des hommes dans le mal et dans la souffrance[19] ».

Parmi ces jeux de mots, il en est un qui est sans doute plus révélateur que les autres, car il touche de plus près au projet littéraire de l'écrivain. Non pas qu'il soit nouveau : déjà, à la fin de *La Tempête* de Shakespeare, Prospero jouait sur le mot *art* dans la double acception d'« art » (Prospero est un « artiste » qui a conçu la tempête, sinon *La Tempête*) et de « magie » (Prospero est un magicien). Or c'est sur ce

18. L'anglais *gift* vient du même mot, qui en haut-allemand signifie « poison ». L'allemand a gardé cette ambiguïté.

19. J.-J. Mayoux, « Hawthorne et ses miroirs », *Vivants Piliers,* p. 54.

jeu de mots que reposent les deux contes qui sont probablement les plus importants de ce recueil, « La marque sur le visage » et « Les peintures prophétiques », dans lesquels Hawthorne met en scène le motif de *l'artiste* à la fois au sens de peintre ou de créateur (Aylmer se compare à Pygmalion) et celui de magicien ou d'alchimiste. Pourquoi, précisément, figurer ces deux créateurs aux « dons » terribles (talent/poison), pourquoi représenter l'activité artistique sous les traits du péché[20], sinon afin d'apaiser à l'avance le regard réprobateur de l'ancêtre sur le mur en faisant sienne sa critique sur la frivolité de l'art, tout en faisant œuvre d'art ? La définition que donne le peintre, dans « Les peintures prophétiques », de l'artiste, du véritable artiste, sonne comme une autodéfinition de Hawthorne, tant elle semble résumer la position de l'écrivain face au pouvoir démiurgique du créateur, dont il usait mais qui lui faisait peur :

> « L'artiste, le véritable artiste, pénètre au-delà des traits extérieurs. Il a le don, splendide, mais souvent très triste, de découvrir le fond de l'âme et, par un pouvoir inexplicable même à lui, de le faire apparaître en teintes éclatantes ou sombres sur la toile, en regards qui portent la marque de sentiments et de pensées implantées depuis des années. »

Mélancolie de Hawthorne : non pas simplement un héritage du puritanisme familial, car les reproches formulés par les ancêtres sont après tout fictifs, et ne sont que les échos d'un dialogue que l'écrivain entretient avec lui-même. Non plus le reflet d'une vie passée dans la solitude de la claustration : après avoir écrit ses *Contes,* Hawthorne se maria, et eut plusieurs enfants. Non, plutôt ce don splendide, mais souvent très triste, qui fait du « véritable artiste » le détenteur du terrible pouvoir d'aller au fond des choses, au risque de réprimer la vie par la mort. D'où l'hésitation permanente de Hawthorne à utiliser pleinement ce don, à se servir de sa palette et de ses pigments. C'est

20. Voir Crews, *op. cit.*, IX, « The Sin of Art ».

dans ce jeu subtil et parfois pervers que l'artiste pratique avec lui-même, l'oscillation entre le dévoilement de ce que Balzac, dans *Le Chef-d'œuvre inconnu* (1831), nomme les « jouissances sur ce morceau de toile », et la tentation de l'effacement, de l'oblitération ou du refoulement final, que Nathaniel Hawthorne, parce qu'il ne cesse d'écrire sur la difficulté d'écrire ou sur le danger de peindre, est un artiste véritable.

Jean-Pierre NAUGRETTE.

CONTES

LADY ELEANORE'S MANTLE [1]

Mine excellent friend the landlord of the Province House was pleased the other evening to invite Mr. Tiffany and myself to an oyster-supper. This slight mark of respect and gratitude, as he handsomely observed, was far less than the ingenious tale-teller, and I, the humble note-taker of his narratives, had fairly earned by the public notice which our joint lucubrations had attracted to his establishment. Many a cigar had been smoked within his premises, many a glass of wine or more potent *aqua vitæ* had been quaffed, many a dinner had been eaten, by curious strangers who, save for the fortunate conjunction of Mr. Tiffany and me, would never have ventured through that darksome avenue which gives access to the historic precincts of the Province House. In short, if any credit be due to the courteous assurance of Mr. Thomas Waite, we had brought his forgotten mansion almost as effectually into public view as if we had

1. Ce conte fait partie des *Légendes du Palais des Gouverneurs*, publiées dans les *Twice Told Tales* en 1837. L'influence de Walter Scott s'y fait sentir, non seulement dans le choix de sujets historiques, célébrant le patriotisme américain, comme W. Scott avait célébré le patriotisme écossais, mais aussi dans le recours à certains procédés de composition. De même que W. Scott avait attribué au patron de la taverne de Gandercleugh la connaissance et le goût des traditions et des récits transmis par le souvenir populaire, Hawthorne fait intervenir Mr. Thomas Waite, patron de la taverne établie, après la révolution, dans l'ancien palais des gouverneurs anglais à Boston. Un des habitués, Mr. Tiffany, nous est présenté comme versé en particulier dans les incidents merveilleux ou fantastiques de l'histoire coloniale du Massachusetts. Cet élément de surnaturel, de même

LE MANTEAU DE LADY ÉLÉONORE

Mon excellent ami, le patron de la taverne de l'Ancien Palais des Gouverneurs, eut l'amabilité, l'autre soir, de nous retenir, Mr. Tiffany et moi, à souper pour déguster un plat d'huîtres. Cette modeste marque de respect et de gratitude à notre égard, comme il en fit généreusement la remarque, ne répondait qu'imparfaitement au mérite que l'ingénieux conteur et moi, l'humble transcripteur de ses récits, avions en toute justice acquis par l'attention que nos publications, élaborées en commun, avaient attirée sur son établissement. Maint cigare avait été fumé chez lui, maint verre de vin ou de plus capiteuse *aqua vitæ* avait été bu, maint dîner consommé, par des étrangers curieux qui, sans l'heureuse collaboration de Mr. Tiffany et de moi-même, ne se seraient jamais aventurés dans la sombre ruelle qui donne accès à la cour historique de l'ancien palais des gouverneurs anglais à Boston. Bref, si on peut accorder aucun crédit aux courtoises affirmations

que le symbolisme introduit dans un dessein moral, sont, bien entendu de l'invention de Hawthorne. Il cherche à donner à tout cela un air de vraisemblance en décrivant d'abord le milieu simple et familier de la taverne. Il conduit graduellement le lecteur vers des régions de haute construction imaginative, toujours habilement mêlée de détails réalistes, de traits psychologiques observés, et de péripéties dramatiques.

Le conte se situe au commencement du XVIIIe siècle, époque où le Massachusetts, libre depuis sa fondation en 1630, eut à subir un gouverneur anglais. Dès ce moment, s'engagea une lutte sourde entre les colons et le représentant de la métropole, laquelle devait éclater en révolte en 1770, puis en la révolution de 1776, qui amena la conquête de l'indépendance.

thrown down the vulgar range of shoe-shops and dry-good stores which hides its aristocratic front from Washington Street. It may be unadvisable, however, to speak too loudly of the increased custom of the house, lest Mr. Waite should find it difficult to renew the lease on so favorable terms as heretofore.

Being thus welcomed as benefactors, neither Mr. Tiffany nor myself felt any scruple in doing full justice to the good things that were set before us. If the feast were less magnificent than those same panelled walls had witnessed in a bygone century; if mine host presided with somewhat less of state than might have befitted a successor of the royal governors; if the guests made a less imposing show than the bewigged and powdered and embroidered dignitaries who erst banqueted at the gubernatorial table and now sleep within their armorial tombs on Copp's Hill or round King's Chapel, — yet never, I may boldly say, did a more comfortable little party assemble in the Province House from Queen Anne's days to the Revolution. The occasion was rendered more interesting by the presence of a venerable personage whose own actual reminiscences went back to the epoch of Gage and Howe, and even supplied him with a doubtful anecdote or two of Hutchinson. He was one of that small, and now all but extinguished class whose attachment to royalty, and to the colonial institutions and customs that were connected with it, had never yielded to the democratic heresies of after-times. The young Queen of Britain has not a more loyal subject in her realm — perhaps not one who would kneel before her throne with such reverential love — as this old grandsire whose head has whitened beneath the mild sway of the republic which still in his mellower moments he terms a usurpation. Yet prejudices so

de Mr. Thomas Waite, nous avions aussi certainement mis en vedette sa maison historique oubliée que si nous avions abattu la laide rangée d'échoppes de cordonniers et de boutiques de merciers qui empêchent de voir sa façade aristocratique de Washington Street. Il serait indiscret, cependant, de parler trop haut de la clientèle accrue du débit, de peur que Mr. Waite n'ait des difficultés à renouveler son bail dans des conditions aussi avantageuses que naguère.

Accueillis ainsi comme bienfaiteurs, ni Mr. Tiffany ni moi n'éprouvâmes aucun scrupule à rendre pleine justice aux mets succulents qui nous furent servis. Si le banquet était moins magnifique que ceux dont ces mêmes murailles lambrissées avaient été témoins, le siècle passé; si notre hôte prédisait avec un peu moins de splendeur qu'il n'aurait convenu au successeur des gouverneurs royaux; si les invités formaient une compagnie moins imposante que les dignitaires en perruques poudrées et en habits brodés qui festoyaient autrefois à la table de leur maître et qui dorment maintenant dans les tombes armoriées de Copp's Hill et de King's Chapel, — jamais cependant, je puis le dire hardiment, plus agréable petite réunion n'eut lieu dans le palais des gouverneurs depuis le règne de la reine Anne jusqu'à la Révolution. L'occasion était d'autant plus intéressante qu'était présent un vénérable personnage dont les souvenirs personnels remontaient à l'époque des gouverneurs Gage et Howe, et lui fournissaient même une ou deux anecdotes douteuses concernant le gouverneur Hutchinson. Il appartenait à ce groupe peu nombreux, aujourd'hui presque éteint, d'hommes dont l'attachement à la royauté, aussi bien qu'aux institutions et aux coutumes coloniales qui allaient de pair avec elle, n'avait jamais cédé aux hérésies démocratiques du temps présent. La jeune reine d'Angleterre n'avait jamais eu dans son royaume sujet plus fidèle — aucun peut-être qui se fût agenouillé devant son trône avec autant d'amour et de respect — que cet aïeul dont la tête avait blanchi sous l'indulgente domination de la république, qu'il qualifie encore à

obstinate had not made him an ungentle or impracticable companion. If the truth must be told, the life of the aged loyalist has been of such a scrambling and unsettled character — he has had so little choice of friends and been so often destitute of any — that I doubt whether he would refuse a cup of kindness with either Oliver Cromwell or John Hancock, to say nothing of any democrat now upon the stage.

Our host in due season uncorked a bottle of Madeira of such exquisite perfume and admirable flavor that he surely must have discovered it in an ancient bin down deep beneath the deepest cellar where some jolly old butler stored away the governor's choicest wine and forgot to reveal the secret on his death-bed. Peace to his red-nosed ghost and a libation to his memory! This precious liquor was imbibed by Mr. Tiffany with peculiar zest, and after sipping the third glass it was his pleasure to give us one of the oddest legends which he had yet raked from the storehouse where he keeps such matters. With some suitable adornments from my own fancy, it ran pretty much as follows.

Not long after Colonel Shute had assumed the government of Massachusetts Bay — now nearly a hundred and twenty years ago — a young lady of rank and fortune arrived from England to claim his protection as her guardian. He was her distant relative, but the nearest who had survived the gradual extinction of her family; so that no more eligible shelter could be found for the rich and high-born Lady

ses heures les plus apaisées de gouvernement usurpateur. Cependant, ses préjugés obstinés n'avaient pas fait de lui un compagnon revêche ou impossible. A vrai dire, l'existence de ce vieux conservateur a été si traversée et si incertaine — il a eu si peu d'amis et si peu d'occasions de s'en faire — que je doute qu'il refuse la coupe de l'amitié, lui fût-elle présentée par Olivier Cromwell [1] ou John Hancock [2], ou même par un des démocrates aujourd'hui au pouvoir.

Le moment venu, notre hôte déboucha une bouteille de madère d'un parfum si exquis et d'une saveur si admirable qu'il avait dû certainement la découvrir dans un ancien caveau, creusé au plus profond de la cave, où quelques vieux sommelier jovial cachait les vins fins du gouverneur et dont il avait oublié de révéler le secret sur son lit de mort. Paix à son fantôme au nez rubicond! Une libation à sa mémoire! Mr. Tiffany ingurgita cette précieuse boisson avec un entrain particulier, et, après en avoir siroté le troisième verre, il voulut bien nous raconter une des plus curieuses légendes qu'il ait encore sortie de la réserve où il les tient enfermées. Avec quelques enjolivements appropriés tirés de mon fonds, la voici à peu près telle qu'il nous l'a dite.

Peu de temps après que le colonel Shute eut pris possession de son poste à la tête du Massachusetts — il y a de cela près de cent vingt ans [3] — une jeune dame de haut rang et de grande fortune arriva d'Angleterre, demandant au gouverneur la protection qu'elle attendait de lui comme son tuteur. Le gouverneur était parent éloigné de la jeune dame, mais le plus proche qui eût survécu à l'extinction graduelle de sa famille :

1. Olivier Cromwell, chef des Côtes-de-Fer et Protecteur de la République lors de la Révolution de 1648, en Angleterre.

2. John Hancock, l'un des bourgeois les plus opposés à la tyrannie de Charles II, lors de la même révolution.

3. Comme on a toutes raisons de considérer 1835, comme date de la composition du conte, l'époque à laquelle les événements qu'il relate se seraient passés se placerait aux environs de 1715.

Eleanore Rochcliffe than in the Province House of a Transatlantic colony. The consort of Governor Shute, moreover, had been as a mother to her childhood, and was now anxious to receive her in the hope that a beautiful young woman would be exposed to infinitely less peril from the primitive society of New England than amid the artifices and corruptions of a court. If either the governor or his lady had especially consulted their own comfort, they would probably have sought to devolve the responsibility on other hands, since with some noble and splendid traits of character Lady Eleanore was remarkable for a harsh, unyielding pride, a haughty consciousness of her hereditary and personal advantages, which made her almost incapable of control. Judging from many traditionary anecdotes, this peculiar temper was hardly less than a monomania; or if the acts which it inspired were those of a sane person, it seemed due from Providence that pride so sinful should be followed by as severe a retribution. That tinge of the marvellous which is thrown over so many of these half-forgotten legends has probably imparted an additional wildness to the strange story of Lady Eleanore Rochcliffe.

The ship in which she came passenger had arrived at Newport, whence Lady Eleanore was conveyed to Boston in the governor's coach, attended by a small escort of gentlemen on horseback. The ponderous equipage, with its four black horses, attracted much notice as it rumbled through Cornhill surrounded by the prancing steeds of half a dozen cavaliers with swords dangling at their stirrups and pistols at their holsters. Through the large glass windows of the coach, as it rolled along, the people could discern the figure of Lady Eleanore, strangely combining an almost queenly stateliness with the grace and beauty of a maiden in her teens. A singular tale had gone abroad among the ladies of the province that their fair rival was indebted for much

aucun refuge donc n'était plus éligible pour la riche et bien née Lady Eléonore Rochcliffe que le palais du gouverneur d'une colonie transatlantique. De plus, l'épouse du gouverneur Shute avait joué le rôle de mère auprès de la jeune fille pendant l'enfance de celle-ci; elle désirait maintenant la recevoir, espérant que sa jeunesse et sa beauté seraient infiniment moins exposées au sein de la société primitive de la Nouvelle-Angleterre qu'au milieu des artifices et des corruptions de la Cour. Si le gouverneur ou sa femme avaient mis au premier plan leur tranquillité, ils auraient probablement essayé de rejeter la responsabilité sur d'autres; car, avec quelques traits de caractère nobles et splendides, Lady Eléonore se faisait remarquer par un orgueil âpre et obstiné, une conscience hautaine de ses avantages héréditaires et personnels, qui la rendaient très difficile à diriger. A en juger d'après mainte anecdote traditionnelle, ce tempérament particulier prenait presque les proportions d'une monomanie. Du moins, si les actes qu'il inspirait étaient ceux d'une personne dans son bon sens, il semblait que la Providence dût punir un orgueil aussi coupable d'un châtiment sévère. La teinte de merveilleux qui colore tant de légendes à demi oubliées a sans doute ajouté un surcroît d'étrangeté à l'étonnante histoire de Lady Eléonore Rochcliffe.

Le navire dans lequel elle arriva aborda à Newport, d'où elle fut conduite à Boston dans le carrosse du gouverneur, escorté par une petite troupe de gentilshommes à cheval. Le lourd équipage, avec ses quatre chevaux noirs, attira grande attention lorsqu'il traversa Cornhill à grand bruit, entouré des coursiers caracolants d'une demi-douzaine de cavaliers, sabres battant les étriers et pistolets sortant des fontes. Par les grandes portières vitrées du carrosse, à son passage, le peuple put apercevoir la silhouette de Lady Eléonore, où s'unissait une dignité quasi royale à la grâce et à la beauté d'une vierge de dix-huit ans. Une rumeur singulière s'était répandue parmi les dames de la province que leur belle rivale devait une grande part

of the irresistible charm of her appearance to a certain article of dress — an embroidered mantle — which had been wrought by the most skilful artist in London, and possessed even magical properties of adornment. On the present occasion, however, she owed nothing to the witchery of dress, being clad in a riding-habit of velvet which would have appeared stiff and ungraceful on any other form.

The coachman reined in his four black steeds, and the whole cavalcade came to a pause in front of the contorted iron balustrade that fenced the Province House from the public street. It was an awkward coincidence that the bell of the Old South was just then tolling for a funeral; so that, instead of a gladsome peal with which it was customary to announce the arrival of distinguished strangers, Lady Eleanore Rochcliffe was ushered by a doleful clang, as if calamity had come embodied in her beautiful person.

"A very great disrespect!" exclaimed Captain Langford, an English officer who had recently brought despatches to Governor Shute. "The funeral should have been deferred lest Lady Eleanore's spirits be affected by such a dismal welcome."

"With your pardon, sir," replied Dr. Clarke, a physician and a famous champion of the popular party, "whatever the heralds may pretend, a dead beggar must have precedence of a living queen. King Death confers high privileges."

These remarks were interchanged while the speakers waited a passage through the crowd which had gathered on each side of the gateway, leaving an open avenue to the portal of the Province House. A black slave in livery now leaped from behind the coach and threw open the door, while at the same moment Governor Shute descended the flight of steps from his mansion to assist Lady Eleanore in alighting. But the governor's stately approach was anticipated in a manner that excited general astonishment. A pale young man

du charme de son aspect à un certain élément de son costume — un manteau brodé — qui avait été dessiné par l'artiste le plus habile de Londres, et qui possédait le pouvoir magique de rehausser la personne. Pour le moment, d'ailleurs, elle ne devait rien à cette sorcellerie du vêtement, portant une robe de voyage en velours, qui aurait rendu toute autre raide et disgracieuse.

Le cocher arrêta ses quatre chevaux noirs, et toute la cavalcade fit halte devant la grille en fer ouvragé qui séparait le palais du gouverneur de la rue. A ce moment, par une fâcheuse coïncidence, la cloche de la vieille église du Sud sonnait pour des funérailles; si bien que, au lieu de la joyeuse volée dont il était coutume d'annoncer l'arrivée d'étrangers de distinction, Lady Eléonore Rochcliffe entra au son d'un glas funèbre, comme si quelque calamité était associée à sa belle personne.

« Quel manque de respect! » s'écria le capitaine Langford, officier anglais qui était arrivé récemment porteur de dépêches pour le gouverneur Shute. « La cérémonie funèbre aurait dû être différée, de peur que l'humeur de Lady Eléonore ne soit assombrie par un accueil aussi lugubre. »

« Pardon, monsieur », rétorqua le Dr Clarke, médecin connu pour ses vives sympathies à l'égard du parti du peuple; « en dépit des décisions des hérauts, un mendiant mort doit avoir la préséance sur une reine vivante. Notre reine la Mort confère de hauts privilèges. »

Ces propos furent échangés tandis que les deux interlocuteurs attendaient de pouvoir traverser la foule qui s'était attroupée des deux côtés de l'entrée, laissant libre l'accès au portail du palais. Un esclave noir en livrée sauta de derrière le carrosse et ouvrit la porte à deux battants; le gouverneur descendit les marches du perron dans le dessein d'aider Lady Eléonore à prendre pied. Mais le mouvement majestueux du gouverneur fut prévenu d'une manière qui créa un étonnement général. Un jeune homme pâle, les che-

with his black hair all in disorder rushed from the throng and prostrated himself beside the coach, thus offering his person as a footstool for Lady Eleanore Rochcliffe to tread upon. She held back an instant, yet with an expression as if doubting whether the young man were worthy to bear the weight of her footstep rather than dissatisfied to receive such awful reverence from a fellow-mortal.

"Up, sir!" said the governor, sternly, at the same time lifting his cane over the intruder. "What means the Bedlamite by this freak?"

"Nay" answered Lady Eleanore, playfully, but with more scorn than pity in her tone; "Your Excellency shall not strike him. When men seek only to be trampled upon, it were a pity to deny them a favor so easily granted — and so well deserved!" Then, though as lightly as a sunbeam on a cloud, she placed her foot upon the cowering form and extended her hand to meet that of the governor.

There was a brief interval during which Lady Eleanore retained this attitude, and never, surely, was there an apter emblem of aristocracy and hereditary pride trampling on human sympathies and the kindred of nature than these two figures presented at that moment. Yet the spectators were so smitten with her beauty, and so essential did pride seem to the existence of such a creature, that they gave a simultaneous acclamation of applause.

"Who is this insolent young fellow?" inquired Captain Langford, who still remained beside Dr. Clarke. "If he be in his senses, his impertinence demands the bastinado; if mad, Lady Eleanore should be secured from further inconvenience by his confinement."

"His name is Jervase Helwyse," answered the doctor — "a youth of no birth or fortune, or other advantages save the mind and soul that nature gave him, and, being secretary to our colonial agent in London, it was his misfortune to meet this Lady Eleanore Rochcliffe.

veux noirs en désordre, sortit vivement de la foule et se coucha près du carrosse, offrant ainsi son corps à Lady Eléonore comme marchepied. Elle hésita un instant, signifiant par son expression le doute que le jeune homme fût digne de porter le poids de son pas, plutôt que la peine de recevoir une marque de respect aussi impressionnante de la part d'un être humain.

« Debout! » s'écria le gouverneur d'un ton impérieux, levant sa canne pour frapper l'importun. « Que signifient les simagrées de cet échappé des Petites-Maisons ? »

« Permettez! » fit Lady Eléonore, plaisamment, mais avec plus de mépris que de pitié dans la voix. « Que Votre Excellence s'abstienne de le frapper. Quand des gens ne désirent que de se faire fouler aux pieds, ce serait dommage de leur refuser une faveur si facile à accorder — et si méritée! » Sur ce, aussi légèrement, à vrai dire, qu'un rayon de soleil se pose sur un nuage, elle mit le pied sur la forme prostrée et tendit la main pour prendre celle du gouverneur.

Pendant un court moment, Lady Eléonore conserva cette attitude, et jamais, certes, ne se vit emblème plus juste de l'aristocratie et de l'orgueil héréditaire foulant aux pieds la sympathie humaine et la parenté naturelle des êtres mortels, que ces deux personnages ainsi placés. Cependant les spectateurs furent si vivement frappés de la beauté de la jeune fille, et l'orgueil semblait si essentiel à l'existence de pareille créature, qu'ils éclatèrent tous en applaudissements.

« Qui est ce jeune insolent ? » demanda le capitaine Langford qui était resté près du Dr Clarke. « S'il est dans son bon sens, son impertinence mérite la bastonnade; s'il est fou, il faut protéger Lady Eléonore de pareils ennuis en enfermant ce dément. »

« Son nom est Gervais Helwyse », répondit le docteur. « C'est un jeune homme sans titre de noblesse ni fortune, qui n'a pour lui que les qualités d'intelligence et de cœur que la nature lui a données. Tandis qu'il était secrétaire de notre agent colonial à Londres,

He loved her, and her scorn has driven him mad."

"He was mad so to aspire," observed the English officer.

"It may be so," said Dr. Clarke, frowning as he spoke; "but I tell you, sir, I could wellnigh doubt the justice of the Heaven above us if no signal humiliation overtake this lady who now treads so haughtily into yonder mansion. She seeks to place herself above the sympathies of our common nature, which envelops all human souls; see if that nature do not assert its claim over her in some mode that shall bring her level with the lowest."

"Never!" cried Captain Langford, indignantly — "neither in life nor when they lay her with her ancestors."

Not many days afterward the governor gave a ball in honor of Lady Eleanore Rochcliffe. The principal gentry of the colony received invitations, which were distributed to their residences far and near by messengers on horseback bearing missives sealed with all the formality of official despatches. In obedience to the summons, there was a general gathering of rank, wealth and beauty, and the wide door of the Province House had seldom given admittance to more numerous and honorable guests than on the evening of Lady Eleanore's ball. Without much extravagance of eulogy, the spectacle might even be termed splendid for, according to the fashion of the times, the ladies shone in rich silks and satins outspread over wide-projecting hoops, and the gentlemen glittered in gold embroidery laid unsparingly upon the purple or scarlet or sky-blue velvet which was the material of their coats and waistcoats. The latter article of dress was of great importance, since it enveloped the wearer's body nearly to the knees and was perhaps bedizened with the amount of his whole year's income in golden flowers and foliage. The altered taste of the present

il eut le malheur de rencontrer Lady Eléonore. Il l'aime; le mépris de cette femme l'a rendu fou. »

« C'était folie que d'aspirer si haut », reprit l'officier anglais.

« Cela se peut », dit le Dr Clarke, fronçant les sourcils. « Mais, pour vous dire tout mon sentiment, monsieur, je serais tenté de douter de la justice de Dieu, là-haut dans le ciel, si quelque humiliation signalée n'atteignait cette jeune personne qui, là-bas, entre avec tant de morgue dans ce palais. Elle veut se placer au-dessus de la sympathie naturelle, au-dessus de cette nature commune qui enveloppe toutes les âmes; je serais bien étonné que cette nature n'affirmât pas ses droits sur l'orgueilleuse en la ramenant au niveau des plus humbles. »

« Jamais! » s'écria le capitaine avec indignation; « ni dans cette vie ni quand on la couchera dans le tombeau de ses ancêtres. »

Quelques jours après, le gouverneur donna un bal en l'honneur de Lady Eléonore. Les grands bourgeois de la colonie reçurent des invitations, qui furent distribuées à leur résidence dans tout le pays, par des courriers à cheval portant des missives scellées avec toute la formalité de dépêches officielles. En réponse à cet appel, il y eut grand concours de tout ce qui représentait la naissance, la fortune et la beauté; le grand portail du palais des gouverneurs s'était rarement ouvert pour une aussi grande affluence d'hôtes de distinction que lors de ce bal en l'honneur de Lady Eléonore. Sans exagérer les termes, on pourrait qualifier le spectacle de somptueux, car, selon la mode du temps, les femmes resplendissaient en de riches robes de soie ou de satin à paniers, et les hommes brillaient en des costumes où des broderies d'or rehaussaient profusément le velours violet, écarlate ou bleu-de-ciel dont étaient faits les habits et les gilets. Ce dernier élément du costume était de grande importance, car il couvrait le corps presque jusqu'aux genoux, et les fleurs et les feuillages d'or qui l'ornaient représentaient peut-être une année de revenu. Notre goût, si différent aujour-

day — a taste symbolic of a deep change in the whole system of society — would look upon almost any of those gorgeous figures as ridiculous, although that evening the guests sought their own glitter amid the glittering crowd. What a pity that one of the stately mirrors has not preserved a picture of the scene which by the very traits that were so transitory might have taught us much that would be worth knowing and remembering!

Would, at least, that either painter or mirror could convey to us some faint idea of a garment already noticed in this legend — the Lady Eleanore's embroidered mantle, which the gossips whispered was invested with magic properties, so as to lend a new and untried grace to her figure each time that she put it on! Idle fancy as it is, this mysterious mantle has thrown an awe around my image of her, partly from its fabled virtues and partly because it was the handiwork of a dying woman, and perchance owed the fantastic grace of its conception to the delirium of approaching death.

After the ceremonial greetings had been paid, Lady Eleanore Rochcliffe stood apart from the mob of guests, insulating herself within a small and distinguished circle to whom she accorded a more cordial favor than to the general throng. The waxen torches threw their radiance vividly over the scene, bringing out its brilliant points in strong relief, but she gazed carelessly, and with now and then an expression of weariness or scorn tempered with such feminine grace that her auditors scarcely perceived the moral deformity of which it was the utterance. She beheld the spectacle not with vulgar ridicule, as disdaining to be pleased with the provincial mockery of a court-festival, but with the deeper scorn of one whose spirit held itself too high to participate in the enjoyment of other

d'hui — goût qui symbolise le profond changement survenu dans tout le système social — considérerait presque tous ces rutilants personnages comme ridicules; cependant, ce soir-là, les invités cherchaient leur image dans les miroirs des trumeaux et se réjouissaient de découvrir leur scintillement au milieu de la foule scintillante. Quel dommage qu'un de ces miroirs majestueux n'ait pas conservé le reflet de ce spectacle, qui, précisément par ce qu'il y avait de transitoire dans ses aspects, nous apprendrait beaucoup de chose dignes d'être connues et retenues!

Puisse du moins le miroir — ou un peintre — nous donner quelque idée d'un vêtement, déjà mentionné dans ce récit, le manteau brodé de Lady Eléonore, qui, d'après des commérages chuchotés tout bas, possédait des propriétés magiques, en particulier de prêter une grâce nouvelle et inédite à la silhouette de la jeune fille chaque fois qu'elle le mettait. Une folle imagination me hante : ce mystérieux manteau jette, dans ma pensée, sur l'image de la jeune personne, une sorte de terreur, à la fois en raison de son pouvoir merveilleux et du fait qu'il avait été façonné par une femme sur son lit de mort; il devait peut-être la beauté exceptionnelle de son dessin au délire de la mort déjà proche.

Après les salutations officielles, Lady Eléonore se joignit à un groupe isolé de la foule des invités, s'associant avec un cercle étroit de personnes distinguées auxquelles elle accordait sa faveur de préférence à la masse. Les flambeaux jetaient un vif éclat sur la compagnie, mettant en relief tout ce qu'elle avait de brillant, mais la jeune fille ne regardait que d'un air distrait et, de temps en temps, avec une expression de lassitude et de mépris, tempérée par tant de grâce féminine que ses interlocuteurs percevaient à peine la laideur morale dont cela était le signe. Elle contemplait le spectacle non pas tant avec un vulgaire sourire de dédain pour cette contrefaçon provinciale d'une fête de cour, qu'avec le profond dégoût d'une âme qui se plaçait trop haut pour participer au plaisir d'autres

human souls. Whether or no the recollections of those who saw her that evening were influenced by the strange events with which she was subsequently connected, so it was that her figure ever after recurred to them as marked by something wild and unnatural, although at the time the general whisper was of her exceeding beauty and of the indescribable charm which her mantle threw around her. Some close observers, indeed, detected a feverish flush and alternate paleness of countenance, with a corresponding flow and revulsion of spirits, and once or twice a painful and helpless betrayal of lassitude, as if she were on the point of sinking to the ground. Then, with a nervous shudder, she seemed to arouse her energies, and threw some bright and playful yet half-wicked sarcasm into the conversation. There was so strange a characteristic in her manners and sentiments that it astonished every rightminded listener, till, looking into her face, a lurking and incomprehensible glance and smile perplexed them with doubts both as to her seriousness and sanity. Gradually, Lady Eleanore Rochcliffe's circle grew smaller, till only four gentlemen remained in it. These were Captain Langford, the English officer before mentioned; a Virginian planter who had come to Massachusetts on some political errand; a young Episcopal clergyman, the grandson of a British earl; and, lastly, the private secretary of Governor Shute, whose obsequiousness had won a sort of tolerance from Lady Eleanore.

At different periods of the evening the liveried servants of the Province House passed among the guests bearing huge trays of refreshments and French and Spanish wines. Lady Eleanore Rochcliffe, who refused to wet her beautiful lips even with a bubble of champagne, had sunk back into a large damask chair, apparently overwearied either with the excitement of the scene or its tedium; and while, for an instant, she was unconscious of voices, laughter and music, a young man stole forward and knelt down at her feet. He

humains. Que les souvenirs de ceux qui la virent ce soir-là aient été influencés ou non par les étranges événements auxquels elle fut mêlée plus tard, ils se rappelèrent toujours son attitude comme marquée de quelque chose d'insolite et d'égaré, quoique, au moment même, toutes les voix s'unissaient pour louer sa beauté exceptionnelle et le charme indescriptible dont la revêtait son manteau. Quelques observateurs proches, il est vrai, remarquèrent sur son visage une alternance de rougeur fiévreuse et de pâleur, avec des changements correspondants de gaieté et de dépression, et, une fois ou deux, des signes douloureux, involontaires, de fatigue, comme si elle était sur le point de s'affaisser sur le sol. Puis, avec un tremblement nerveux, elle semblait rassembler son énergie et lançait plaisamment dans la conversation quelque sarcasme brillant, non sans aigreur. Il y avait tant d'étrangeté dans ses manières et ses sentiments que les personnes d'esprit sain s'en étonnaient; la regardant en face, ils découvraient dans son regard et dans son sourire des dessous incompréhensibles, inquiétants, qui les faisaient douter à la fois de son sérieux et de son bon sens. Peu à peu, le cercle qui entourait Lady Eléonore se restreignit; il ne resta plus autour d'elle que quatre cavaliers servants. C'étaient le capitaine Langford, déjà mentionné; un planteur de Virginie, venu dans le Massachusetts en mission politique; un jeune ministre épiscopalien, petit-fils d'un comte anglais; et le secrétaire particulier du gouverneur Shute, dont Lady Eléonore acceptait l'obséquiosité avec une sorte de tolérance.

De temps à autre, des serviteurs en livrée passaient parmi les invités, portant sur des plateaux des aliments et des vins de France et d'Espagne. Lady Eléonore, qui refusait de tremper ses jolies lèvres même dans la mousse d'une coupe de champagne, se laissa tomber dans un grand fauteuil de damas, lasse soit de l'agitation soit de l'ennui de la soirée. Tandis que, pour un instant, elle perdait conscience du bruit des voix, des rires et de la musique, un jeune homme se glissa jusqu'à elle et s'agenouilla à ses pieds. Il lui offrait sur un

bore a salver in his hand on which was a chased silver goblet filled to the brim with wine, which he offered as reverentially as to a crowned queen — or, rather, with the awful devotion of a priest doing sacrifice to his idol. Conscious that some one touched her robe, Lady Eleanore started, and unclosed her eyes upon the pale, wild features and dishevelled hair of Jervase Helwyse.

"Why do you haunt me thus?" said she, in a languid tone, but with a kindlier feeling than she ordinarily permitted herself to express. "They tell me that I have done you harm."

"Heaven knows if that be so," replied the young man, solemnly. "But, Lady Eleanore, in requital of that harm, if such there be, and for your own earthly and heavenly welfare, I pray you to take one sip of this holy wine and then to pass the goblet round among the guests. And this shall be a symbol that you have not sought to withdraw yourself from the chain of human sympathies, which whoso would shake off must keep company with fallen angels."

"Where has this mad fellow stolen that sacramental vessel?" exclaimed the Episcopal clergyman.

This question drew the notice of the guests to the silver cup, which was recognized as appertaining to the communion-plate of the Old South Church, and, for aught that could be known, it was brimming over with the consecrated wine.

"Perhaps it is poisoned," half whispered the governor's secretary.

"Pour it down the villain's throat!" cried the Virginian, fiercely.

"Turn him out of the house!" cried Captain Langford, seizing Jervase Helwyse so roughly by the shoulder that the sacramental cup was overturned and its contents sprinkled upon Lady Eleanore's mantle. "Whether knave, fool or Bedlamite, it is intolerable that the fellow should go at large."

"Pray, gentlemen, do my poor admirer no harm," said Lady Eleanore, with a faint and weary smile.

plateau de métal un gobelet d'argent ciselé, rempli de vin jusqu'au bord, avec autant de respect qu'à une reine, ou plutôt avec l'extase dévote d'un prêtre sacrifiant à son idole. Prenant conscience que quelqu'un touchait sa robe, Lady Eléonore tressaillit et, ouvrant les yeux, aperçut le visage pâle et égaré et les cheveux défaits de Gervais Helwyse.

« Pourquoi me harceler ainsi ? » dit-elle, d'un ton las mais avec un peu plus de bienveillance qu'elle n'en mettait d'habitude dans ses paroles. « On me dit que je vous ai fait tort. »

« Dieu seul le sait », répliqua le jeune homme avec solennité. « Mais, Lady Eléonore, en compensation de ce tort, s'il existe, et pour votre tranquillité sur cette terre et dans l'autre monde, je vous prie de prendre une gorgée de ce vin bénit et de faire circuler le gobelet parmi les invités. Ce sera le symbole que vous n'avez pas cherché à vous détacher de la chaîne des sympathies humaines, que personne ne peut rejeter sans se ranger parmi les anges déchus. »

« Où ce fou a-t-il volé ce vase sacramentel ? » s'écria le ministre épiscopalien.

Cette remarque attira l'attention des personnes présentes sur la coupe d'argent, qu'on reconnut appartenir au service pour la communion de la Vieille Eglise du Sud; et, autant qu'on pouvait le savoir, c'était de vin consacré qu'elle était pleine à déborder.

« Ce vin est peut-être empoisonné », murmura entre ses dents le secrétaire du gouverneur.

« Versez-le dans la gorge du manant! » s'écria le Virginien.

« Chassez-le du palais! » s'exclama le capitaine Langford, saisissant Gervais Helwyse par l'épaule avec tant de rudesse que la coupe sacramentelle fut renversée et que son contenu se répandit sur le manteau de Lady Eléonore. « Coquin, sot ou fou, il est intolérable que cet individu reste en liberté. »

« Je vous en prie, messieurs, ne faites pas de mal à mon pauvre admirateur », dit Lady Eléonore avec un

"Take him out of my sight, if such be your pleasure, for I can find in my heart to do nothing but laugh at him, whereas, in all decency and conscience, it would become me to weep for the mischief I have wrought."

But while the bystanders were attempting to lead away the unfortunate young man he broke from them and with a wild, impassioned earnestness offered a new and equally strange petition to Lady Eleanore. It was no other than that she should throw off the mantle, which while he pressed the silver cup of wine upon her she had drawn more closely around her form, so as almost to shroud herself within it.

"Cast it from you," exclaimed Jervase Helwyse, clasping his hands in an agony of entreaty. "It may not yet be too late. Give the accursed garment to the flames."

But Lady Eleanore, with a laugh of scorn, drew the rich folds of the embroidered mantle over her head in such a fashion as to give a completely new aspect to her beautiful face, which, half hidden, half revealed, seemed to belong to some being of mysterious character and purposes.

"Farewell, Jervase Helwyse!" said she. "Keep my image in your remembrance as you behold it now."

"Alas, lady!" he replied, in a tone no longer wild, but sad as a funeral-bell; "we must meet shortly when your face may wear another aspect, and that shall be the image that must abide within me." He made no more resistance to the violent efforts of the gentlemen and servants who almost dragged him out of the apartment and dismissed him roughly from the iron gate of the Province House.

Captain Langford, who had been very active in this affair, was returning to the presence of Lady Eleanore Rochcliffe, when he encountered the physician, Dr. Clarke, with whom he had held some casual talk on the day of her arrival. The doctor stood apart, sepa-

léger sourire de lassitude. « Emmenez-le hors de ma vue, si vous voulez bien, car je ne suis d'humeur qu'à rire de lui, alors que, en toute décence et conscience, je devrais pleurer pour l'avoir mis en si mauvais point. »

Mais, tandis que les personnes présentes s'efforçaient d'entraîner le malheureux jeune homme, il échappa à leurs mains et, avec l'instance passionnée d'un égaré, pressa Lady Eléonore d'accéder à une nouvelle requête aussi étrange. Ce n'était rien moins que de rejeter le manteau que, tandis qu'il cherchait à lui faire accepter la coupe remplie de vin, elle avait serré autour d'elle, au point de s'en envelopper comme d'un linceul.

« Rejetez-le loin de vous », s'écria Gervais Helwyse, joignant les mains avec une douloureuse ardeur. « Il peut n'être pas trop tard. Que les flammes consument ce vêtement maudit! »

Mais Lady Eléonore, avec un rire plein de mépris, ramena sur sa tête les plis somptueux du manteau brodé, de façon à donner un aspect tout nouveau à son beau visage qui, à demi visible, à demi caché, semblait appartenir à un être de pensées et de desseins mystérieux.

« Adieu, Gervais Helwyse! » dit-elle. « Conservez mon image dans votre souvenir comme vous la contemplez maintenant. »

« Hélas! madame », répliqua-t-il, d'un ton non plus exalté, mais aussi triste qu'un glas d'enterrement; « il nous faudra nous rencontrer bientôt en des circonstances où votre visage offrira un autre aspect, et c'est celui-là qui restera dans mon souvenir. » Il n'opposa plus de résistance aux violents efforts des gentilshommes et des serviteurs pour le traîner hors de la salle; ils le jetèrent brutalement par la porte de fer de l'autre côté de la grille du palais.

Le capitaine Langford, qui avait pris une part active à cette expulsion, revenait vers Lady Eléonore, lorsqu'il rencontra le Dr Clarke, avec qui il avait échangé quelques paroles le jour de l'arrivée de la belle étrangère. Le médecin restait à l'écart, séparé de

rated from Lady Eleanore by the width of the room, but eying her with such keen sagacity that Captain Langford involuntarily gave him credit for the discovery of some deep secret.

"You appear to be smitten, after all, with the charms of this queenly maiden," said he, hopping thus to draw forth the physician's hidden knowledge.

"God forbid!" answered Dr. Clarke, with a grave smile; "and if you be wise, you will put up the same prayer for yourself. Woe to those who shall be smitten by this beautiful Lady Eleanore! But yonder stands the governor, and I have a word or two for his private ear. Good-night!" He accordingly advanced to Governor Shute and addressed him in so low a tone that none of the bystanders could catch a word of what he said, although the sudden change of His Excellency's hitherto cheerful visage betokened that the communication could be of no agreeable import. A very few moments afterward it was announced to the guests that an unforeseen circumstance rendered it necessary to put a premature close to the festival.

The ball at the Province House supplied a topic of conversation for the colonial metropolis for some days after its occurrence, and might still longer have been the general theme, only that a subject of all engrossing interest thrust it for a time from the public recollection. This was the appearance of a dreadful epidemic which in that age, and long before and afterward, was wont to slay its hundreds and thousands on both sides of the Atlantic. On the occasion of which we speak it was distinguished by peculiar virulence, insomuch that it has left its traces — its pitmarks, to use an appropriate figure — on the history of the country, the affairs of which were thrown into confusion by its ravages. At first, unlike its ordinary course, the disease seemed to confine itself to the higher circles of society, selecting its victims from among the proud, the well-born and the wealthy, entering unabashed into stately chambers and lying down with the slumberers in silken beds.

Lady Eléonore par toute la largeur de la pièce, mais la fixant avec une telle intensité que le capitaine, involontairement, pensa qu'il surprenait en elle quelque profond secret.

« Il me semble que vous aussi, après tout, êtes sensibles aux charmes de cette princière personne », dit-il, espérant amener ainsi le médecin à lui révéler sa découverte.

« A Dieu ne plaise ! » répondit le Dr Clarke, en souriant pensivement; « et si vous êtes sage, vous formulerez la même prière. Malheur à ceux qui se laisseront toucher par la beauté de Lady Eléonore! Mais je vois le gouverneur debout là-bas. J'ai un mot ou deux à lui dire en privé. Bonsoir! » Il s'avança vers le gouverneur Shute et s'adressa à lui à voix si basse qu'aucune des personnes présentes ne put saisir un mot de ce qu'il disait, bien que le changement soudain qui se fit sur le visage de Son Excellence, plein de gaieté jusque-là, annonçât que la communication ne pouvait être agréable. Un moment après, on prévint les invités qu'une circonstance imprévue imposait la nécessité de mettre une fin prématurée à la fête.

Le bal du palais du gouverneur alimenta les conversations de la métropole coloniale pendant quelques jours, et serait demeuré plus longtemps l'objet des commentaires si un sujet d'intérêt plus pressant ne l'avait refoulé hors de l'attention. Il venait d'éclater à Boston cette terrible maladie épidémique qui, à cette époque (comme longtemps avant et longtemps après) tuait des centaines et des milliers de personnes des deux côtés de l'Atlantique. Dans l'occurrence, elle prit un caractère si violent qu'elle a laissé des traces — ses stigmates, pour employer une figure appropriée — dans l'histoire de la colonie, dont les affaires furent jetées en confusion par ses ravages. D'abord, contrairement à ce qui se passait d'ordinaire, le mal sembla s'attaquer exclusivement à la haute société, choisissant ses victimes parmi les plus fiers, les mieux nés, les plus riches, entrant hardiment dans les appartements somptueux, envahissant le sommeil des grands dans

Some of the most distinguished guests of the Province House — even those whom the haughty Lady Eleanore Rochcliffe had deemed not unworthy of her favor — were stricken by this fatal scourge. It was noticed with an ungenerous bitterness of feeling that the four gentlemen — the Virginian, the British officer, the young clergyman and the governor's secretary — who had been her most devoted attendants on the evening of the ball were the foremost on whom the plague-stroke fell. But the disease, pursuing its onward progress, soon ceased to be exclusively a prerogative of aristocracy. Its red brand was no longer conferred like a noble's star or an order of knighthood. It threaded its way through the narrow and crooked streets, and entered the low, mean, darksome dwellings and laid its hand of death upon the artisans and laboring classes of the town. It compelled rich and poor to feel themselves brethren then, and stalking to and fro across the Three Hills with a fierceness which made it almost a new pestilence, there was that mighty conqueror — that scourge and horror of our forefathers — the small-pox.

We cannot estimate the affright which this plague inspired of yore by contemplating it as the fangless monster of the present day. We must remember, rather, with what awe we watched the gigantic footsteps of the Asiatic cholera striding from shore to shore of the Atlantic and marching like Destiny upon cities far remote which flight had already half depopulated. There is no other fear so horrible and unhumanizing as that which makes man dread to breathe heaven's vital air lest it be poison, or to grasp the hand of a brother or friend lest the grip of the pestilence should clutch him. Such was the dismay that now followed in the track of the disease or ran before it throughout the town. Graves were hastily dug and the pestilential relics as hastily covered, because the dead were enemies of the living and strove to draw them headlong, as it were, into their own dismal pit.

leurs couvertures de soie. Quelques-uns des hôtes les plus distingués du palais du gouverneur — ceux mêmes que l'orgueilleuse Lady Eléonore n'avait pas jugés indignes de sa faveur — furent frappés par le fléau. On remarqua avec une amère âpreté que les quatre cavaliers de Lady Eléonore les plus empressés auprès d'elle le soir du bal — l'officier anglais, le Virginien, le jeune pasteur et le secrétaire du gouverneur — furent atteints les premiers. Mais la maladie, poursuivant sa marche, cessa bientôt d'être le privilège spécial de l'aristocratie. Sa marque rouge ne fut plus conférée comme une croix d'honneur ou un ordre de chevalerie. La contagion se glissa dans les ruelles étroites et tortueuses, entra dans les demeures basses, laides et sombres et serra de son étreinte mortelle les artisans et les travailleurs de la cité. Elle contraignit les riches et les pauvres à se sentir frères. Arpentant d'un pas puissant l'espace qui sépare les Trois Collines[1], de mine aussi effrayante qu'une nouvelle peste, voici que se dressait cette conquérante invincible, tortionnaire implacable et terrifiante de nos aïeux, la petite vérole!

Nous ne pouvons comprendre l'effroi qu'inspirait autrefois ce fléau, habitués que nous sommes à le considérer comme un monstre auquel on a arraché ses crocs. Il nous faut évoquer l'épouvante qui s'attacha récemment aux pas gigantesques du choléra franchissant l'Atlantique et marchant comme le Destin sur des cités éloignées, déjà à demi dépeuplées par la fuite des habitants. Il n'y a pas d'effroi aussi horrible et aussi déformant que celui qui nous fait craindre de respirer l'air du ciel de peur qu'il ne soit empoisonné, ou de serrer la main d'un ami ou d'un frère de peur que l'affreuse contagion ne l'étreigne. Tel était le désarroi qui maintenant suivait la maladie à la trace ou la précédait dans la cité. On creusait les tombes en hâte et on recouvrait avec précipitation les restes pestilentiels des décédés, car les morts étaient les ennemis des vivants, cherchant, pour ainsi dire, à les faire trébucher

1. Les trois collines de Boston.

The public councils were suspended, as if mortal wisdom might relinquish its devices now that an unearthly usurper had found his way into the ruler's mansion. Had an enemy's fleet been hovering on the coast or his armies trampling on our soil, the people would probably have committed their defence to that same direful conqueror who had wrought their own calamity and would permit no interference with his sway. This conqueror had a symbol of his triumphs: it was a blood-red flag that fluttered in the tainted air over the door of every dwelling into which the small-pox had entered.

Such a banner was long since waving over the portal of the Province House, for thence, as was proved by tracing its footsteps back, had all this dreadful mischief issued. It had been traced back to a lady's luxurious chamber, to the proudest of the proud, to her that was so delicate and hardly owned herself of earthly mould, to the haughty one who took her stand above human sympathies — to Lady Eleanore. There remained no room for doubt that the contagion had lurked in that gorgeous mantle which threw so strange a grace around her at the festival. Its fantastic splendor had been conceived in the delirious brain of a woman on her death-bed and was the last toil of her stiffening fingers, which had interwoven fate and misery with its golden threads. This dark tale, whispered at first, was now bruited far and wide. The people raved against the Lady Eleanore, and cried out that her pride and scorn had evoked a fiend, and that between them both this monstrous evil had been born. At times their rage and despair took the semblance of grinning mirth; and whenever the red flag of the pestilence was hoisted over another and yet another door, they clapped their hands and shouted through the streets in bitter mockery: "Behold a new triumph for the Lady Eleanore!"

dans leur lugubre fosse. Les conseils publics étaient suspendus, comme si la sagesse humaine pouvait se départir de son activité, maintenant qu'un tyran surhumain avait envahi le palais du chef. Si une flotte ennemie avait menacé nos côtes ou si des armées ennemies avaient foulé notre territoire, le peuple aurait probablement confié sa défense au même terrible conquérant, qui l'accablant sans remède, signifiait que toute intervention contre sa puissance était inutile. Ce conquérant arborait un symbole de ses triomphes : un drapeau rouge-sang flottait dans l'air souillé au-dessus de la porte de toute demeure où était entrée la petite vérole.

Cette bannière se déployait depuis longtemps au-dessus du portail du palais du gouverneur, car c'est de là, comme on l'avait découvert en recherchant les origines du fléau, que le malheur était parti. On avait remonté la piste jusqu'à la chambre luxueuse d'une grande dame, la plus fière des patriciennes, celle qui était si délicate et se reconnaissait à peine faite du même limon que ses semblables, la hautaine personne qui se plaçait au-dessus des sympathies humaines, Lady Eléonore. Il n'y avait pas de doute que la contagion s'était cachée dans le manteau somptueux qui mettait tant de grâce autour d'elle au bal du palais. Sa splendeur fantastique avait été conçue par le cerveau délirant d'une femme sur son lit de mort; c'était le dernier travail de ses doigts raidis, qui avaient entrelacé avec les fils d'or la fatalité et le malheur. Cette sombre nouvelle, d'abord chuchotée, se répandit bientôt par toute la ville. Le peuple fut pris de rage contre Lady Eléonore; il s'écria que son orgueil et son mépris avaient évoqué un démon, et qu'à eux deux ils avaient fait surgir cette monstrueuse calamité. Parfois leur colère et leur désespoir prenaient l'aspect d'une gaieté grimaçante ; chaque fois que le drapeau rouge était hissé au-dessus d'une nouvelle porte, puis d'une autre, ils battaient des mains et clamaient dans les rues avec une amère moquerie : « Voyez un nouveau triomphe de Lady Eléonore! »

One day in the midst of these dismal times a wild figure approached the portal of the Province House, and, folding his arms, stood contemplating the scarlet banner, which a passing breeze shook fitfully, as if to fling abroad the contagion that it typified. At length, climbing one of the pillars by means of the iron balustrade, he took down the flag, and entered the mansion waving it above his head. At the foot of the staircase he met the governor, booted and spurred, with his cloak drawn around him, evidently on the point of setting forth upon a journey.

"Wretched lunatic, what do you seek here?" exclaimed Shute, extending his cane to guard himself from contact. "There is nothing here but Death; back, or you will meet him."

"Death will not touch me, the banner-bearer of the pestilence," cried Jervase Helwyse, shaking the red flag aloft. "Death and the pestilence, who wears the aspect of the Lady Eleanore, will walk through the streets tonight, and I must march before them with this banner."

"Why do I waste words on the fellow?" muttered the governor, drawing his cloak across his mouth. "What matters his miserable life, when none of us are sure of twelve hours' breath? — On, fool, to your own destruction!"

He made way for Jervase Helwyse, who immediately ascended the staircase, but on the first landing-place was arrested by the firm grasp of a hand upon his shoulder. Looking fiercely up with a madman's impulse to struggle with and rend asunder his opponent, he found himself powerless beneath a calm, stern eye which possessed the mysterious property of quelling frenzy at its height. The person whom he had now encountered was the physician, Dr. Clarke, the duties of whose sad profession had led him to the Province House, where he was an infrequent guest in more prosperous times.

"Young man, what is your purpose?" demanded he.

Un jour, au cours de cette lugubre période, un personnage à l'air égaré s'approcha du portail du palais du gouverneur et, croisant les bras, resta là à contempler l'étendard écarlate, qu'un coup de vent agitait convulsivement, comme pour répandre la contagion dont il était le symbole. A la fin, escaladant l'un des piliers à l'aide de la grille, il arracha le drapeau et entra dans le palais, le brandissant au-dessus de sa tête. Au bas de l'escalier, il rencontra le gouverneur, en bottes à éperons, un manteau serré autour du corps, évidemment sur le point de partir en voyage.

« Misérable fou, que viens-tu faire ici ? » s'écria Shute, levant sa canne pour se garder du contact. « Il n'y a rien ici que la mort; arrière, si tu ne veux pas la rencontrer! »

« La mort ne me touchera pas, moi, le porte-étendard de la pestilence », cria Gervais Helwyse, secouant le drapeau rouge. « La Mort, accompagnée de la Pestilence, qui porte les traits de Lady Eléonore, parcourront les rues cette nuit, et c'est moi qui dois les précéder avec cette bannière. »

« Pourquoi gaspiller des paroles à propos de ce dément », murmura le gouverneur, ramenant son manteau sur sa bouche : « Qu'importe sa misérable vie, alors qu'aucun de nous n'est sûr de vivre une demi-journée ?... Va donc, insensé, à la destruction! »

Il s'écarta pour laisser passer Gervais, qui se mit immédiatement à monter l'escalier; mais, au premier palier, il fut arrêté par la solide étreinte d'une main sur son épaule. Jetant des regards furieux, prêt à lutter comme un fou et à mettre en pièces son adversaire, Gervais se sentit maîtrisé par un regard froid et sévère qui possédait le mystérieux pouvoir de calmer la démence à son plus haud degré. La personne qu'il venait de rencontrer était le Dr Clarke, que sa grave profession de médecin avait conduit au palais, bien que, au temps de la prospérité, il s'y rendît rarement.

« Jeune homme, quel est ton dessein ? » demanda-t-il.

"I seek the Lady Eleanore," answered Jervase Helwyse, submissively.

"All have fled from her," said the physician. Why do you seek her now? I tell you, youth, her nurse fell death-stricken on the threshold of that fatal chamber. Know ye not that never came such a curse to our shores as this lovely Lady Eleanore, that her breath has filled the air with poison, that she has shaken pestilence and de death upon the land from the folds her accursed mantle?"

"Let me look upon her," rejoined the mad youth, more wildly. "Let me behold her in her awful beauty, clad in the regal garments of the pestilence. She and Death sit on a throne together; let me kneel down before them."

"Poor youth!" said Dr. Clark, and, moved by a deep sense of human weakness, a smile of caustic humor curled his lip even then. "Wilt thou still worship the destroyer and surround her image with fantasies the more magnificent the more evil she has wrought? Thus man doth ever to his tyrants. Approach, then. Madness, as I have noted, has that good efficacy that it will guard you from contagion, and perhaps its own cure may be found in yonder chamber." Ascending another flight of stairs, he threw open a door and signed to Jervase Helwyse that he should enter.

The poor lunatic, it seems probable, had cherished a delusion that his haughty mistress sat in state, unharmed herself by the pestilential influence which as by enchantment she scattered round about her. He dreamed, no doubt, that her beauty was not dimmed, but brightened into superhuman splendor. With such anticipations he stole reverentially to the door at which the physician stood, but paused upon the threshold, gazing fearfully into the gloom of the darkened chamber.

"Where is the Lady Eleanore?" whispered he.

"Call her," replied the physician.

"Lady Eleanore! princess! queen of Death!" cried

« Je cherche Lady Eléonore », répondit Gervais, d'un ton soumis.

« Tous l'ont fuie », dit le médecin. « Pourquoi veux-tu la voir ? Apprends que sa garde-malade est tombée raide morte sur le seuil de la chambre fatale. Ne sais-tu pas que cette belle Lady Eléonore est arrivée à nos rivages comme une malédiction, que son haleine a empoisonné l'air, qu'elle a secoué la pestilence et la mort des plis de son manteau ? »

« Permettez-moi de la voir », répliqua le jeune égaré. « Je désire la contempler dans sa beauté terrible, vêtue des insignes royaux de la pestilence. La Mort et elle siègent sur le même trône : je veux m'agenouiller devant elles. »

« Pauvre malheureux ! » dit le Dr Clarke ; et, éprouvant profondément le sentiment de la faiblesse humaine, un sourire d'hilarité caustique ourla sa lèvre. « Tu veux encore adorer celle qui détruit, orner son image de splendeurs irréelles, d'autant plus magnifiques qu'elle accomplit plus de mal ? Ainsi fait l'homme à l'égard de ses tyrans. Approche donc. J'ai remarqué que la folie a ceci de bon qu'elle protège contre la contagion, et peut-être trouvera-t-elle sa guérison dans cette chambre. » Montant à l'étage supérieur, il ouvrit une porte et fit signe à Gervais d'entrer.

Le pauvre fou, semble-t-il, avait caressé l'illusion que sa hautaine maîtresse siégeait en grande pompe, protégée contre l'influence pestilentielle qu'elle répandait autour d'elle par quelque sortilège. Il rêvait, sans doute, que sa beauté n'était pas ternie, mais rehaussée jusqu'à un éclat surhumain. Plein de ces visions, il s'avança sans bruit, révérencieusement, vers la porte où se tenait le médecin, mais s'arrêta sur le seuil, cherchant craintivement à percer du regard l'obscurité de la chambre aux rideaux fermés.

« Où est Lady Eléonore ? », murmura-t-il.

« Appelle-la », répondit le médecin.

« Lady Eléonore! Princesse! Reine de la mort! »

Jervase Helwyse, advancing three steps into the chamber. " She is not here. There, on yonder table, I behold the sparkle of a diamond which once she wore upon her bosom. There " — and he shuddered — " there hangs her mantle, on which a dead woman embroidered a spell of dreadful potency. But where is the Lady Eleanore? "

Something stirred within the silken curtains of a canopied bed and a low moan was uttered, which, listening intently, Jervase Helwyse began to distinguish as a woman's voice complaining dolefully of thirst. He fancied, even, that he recognized its tones.

" My throat! My throat is scorched," murmured the voice. " A drop of water! "

" What thing art thou? " said the brain-stricken youth, drawing near the bed and tearing asunder its curtains. " Whose voice hast thou stolen for thy murmurs and miserable petitions, as if Lady Eleanore could be conscious of mortal infirmity? Fie! Heap of diseased mortality, why lurkest thou in my lady's chamber? "

" Oh, Jervase Helwyse, " said the voice — and as it spoke the figure contorted itself, struggling to hide its blasted face — " look not now on the woman you once loved. The curse of heaven hath stricken me because I would not call man my brother nor woman sister. I wrapped myself in pride as in a mantle and scorned the sympathies of nature, and therefore has Nature made this wretched body the medium of dreadful sympathy. You are avenged, they are all avenged, Nature is avenged; for I am Eleanore Rochcliffe."

The malice of his mental disease, the bitterness lurking at the bottom of his heart, mad as he was, for a blighted and ruined life and love that had been paid with cruel scorn, awoke within the breast of Jervase Helwyse. He shook his finger at the wretched girl,

s'écria Gervais, faisant trois pas en avant dans la chambre. « Elle n'est pas là... Je vois, sur cette table, scintiller le diamant qu'elle portait sur sa poitrine... Et là », ajouta-t-il, frémissant, « là, se trouve son manteau, sur lequel une femme morte a brodé un charme d'une puissance terrible. Mais où est Lady Eléonore ? »

Un mouvement se fit dans les rideaux de soie tombant du dais du lit somptueux, et un sourd gémissement se fit entendre. Gervais, en écoutant de toute son attention, commença à distinguer une voix de femme, dolente, se plaignant de la soif. Il lui sembla même qu'il en reconnaissait l'accent.

« Ma gorge! Ma gorge me brûle », murmura une voix. « Une goutte d'eau! »

« Qu'est cette chose ? » dit le jeune homme au cerveau égaré, s'approchant du lit et écartant brusquement les rideaux. « A qui as-tu volé cette voix pour exprimer tes plaintes et tes misérables requêtes, comme si Lady Eléonore était accessible aux infirmités humaines ? Fi! Monceau de chair malade et mortelle, pourquoi t'es-tu subrepticement glissé dans la chambre de ma dame ? »

« Oh! Gervais Helwyse », dit la voix — tandis que le corps se tordait, dans l'effort de cacher le visage ravagé — « ne jetez pas les yeux maintenant sur la femme que vous avez aimée. La malédiction du ciel est tombée sur moi parce que je n'ai pas voulu appeler l'homme mon frère, la femme ma sœur. Je me suis drapée dans mon orgueil comme dans un manteau et j'ai dédaigné les sentiments de sympathie commandés par la nature. Aussi la Nature a fait de ce misérable corps l'instrument d'une affreuse sympathie. Vous êtes vengé; ils sont tous vengés; la Nature est vengée... Je suis bien Eléonore Rochcliffe. »

La pointe de méchanceté due à la maladie mentale dont Gervais était atteint, l'amertume qu'il éprouvait dans le fond de son cœur, malgré sa folie, en raison du désastre de sa vie et de la ruine de son amour, payé de si cruel mépris, s'avivèrent chez lui à ce moment.

and the chamber echoed, the curtains of the bed were shaken, with his outburst of insane merriment.

"Another triumph for the Lady Eleanore!" he cried. "All have been her victims; who so worthy to be the final victim as herself?" Impelled by some new fantasy of his crazed intellect, he snatched the fatal mantle and rushed from the chamber and the house.

That night a procession passed by torchlight through the streets, bearing in the midst the figure of a woman enveloped with a richly-embroidered mantle, while in advance stalked Jervase Helwyse waving the red flag of the pestilence. Arriving opposite the Province House, the mob burned the effigy, and a strong wind came and swept away the ashes. It was said that from that very hour the pestilence abated, as if its sway had some mysterious connection, from the first plague-stroke to the last, with Lady Eleanore's mantle. A remarkable uncertainty broods over that unhappy lady's fate. There is a belief, however, that in a certain chamber of this mansion a female form may sometimes be duskily discerned shrinking into the darkest corner and muffling her face within an embroidered mantle. Supposing the legend true, can this be other than the once proud Lady Eleanore?

Mine host and the old loyalist and I bestowed no little warmth of applause upon this narrative, in which we had all been deeply interested; for the reader can scarcely conceive how unspeakably the effect of such a tale is heightened when, as in the present case, we may repose perfect confidence in the veracity of him who tells it. For my own part, knowing how scrupulous is Mr. Tiffany to settle the foundation of his facts, I could not have believed him one whit the more faithfully had he professed himself an eye-witness of the doings and sufferings of poor Lady Eleanore. Some sceptics, it is true, might demand documentary evidence

Il fit du doigt une remontrance à la malheureuse jeune fille, et la chambre retentit, les courtines du lit vibrèrent de l'éclat de rire dément qui s'échappa de sa gorge.

« Nouveau triomphe de Lady Eléonore! » s'écria-t-il. « Tous ont été ses victimes; qui de plus digne de devenir sa dernière victime qu'elle-même ? » Poussé par quelque nouvelle fantaisie de son intellect dérangé, il saisit le manteau fatal et se précipita hors de la chambre et de la maison.

Cette nuit-là, un cortège aux flambeaux se déroula dans les rues, portant l'image d'une femme enveloppée d'un manteau richement brodé, conduit par Gervais Helwyse qui brandissait le drapeau rouge de la pestilence. Arrivée devant le palais du gouverneur, la foule brûla l'effigie, et un vent violent, qui se leva, dispersa les cendres. On dit que, de ce moment, le fléau s'apaisa, comme si son pouvoir funeste avait quelque rapport mystérieux, depuis la première atteinte jusqu'à la dernière, avec le manteau de Lady Eléonore. Une étrange incertitude plane sur le sort de cette dernière. La croyance prévaut, cependant, que dans une des chambres du palais on aperçoit quelquefois une forme indistincte de femme, recroquevillée dans le coin le plus sombre et se cachant le visage d'un manteau brodé. Si la légende est vraie, n'est-ce pas celle qui fut l'orgueilleuse Lady Eléonore ?

Notre hôte, le vieux conservateur et moi-même ne ménagèrent pas à ce récit, qui nous avait tant intéressés, les louanges les plus chaudes; car le lecteur peut à peine concevoir quelle indicible puissance s'ajoute, comme dans le cas présent, à une histoire dite par quelqu'un dont la véracité inspire entière confiance. Pour ce qui est de moi, connaissant le soin scrupuleux de Mr. Tiffany à s'appuyer sur un solide examen des faits, je n'aurais pu lui accorder créance plus fidèle s'il s'était présenté comme témoin oculaire des actes et des souffrances de la malheureuse Lady Eléonore. Il peut se rencontrer, il est vrai, des sceptiques qui demandent

or even require him to produce the embroidered mantle, forgetting that — Heaven be praised! — it was consumed to ashes.

But now the old loyalist, whose blood was warmed by the good cheer, began to talk, in his turn, about the traditions of the Province House, and hinted that he, if it were agreeable, might add a few reminiscences to our legendary stock. Mr. Tiffany, having no cause to dread a rival, immediately besought him to favor us with a specimen; my own entreaties, of course, were urged to the same effect; and our venerable guest, well pleased to find willing auditors, awaited only the return of Mr. Thomas Waite, who had been summoned forth to provide accommodations for several new arrivals. Perchance the public — but be this as its own caprice and ours shall settle the matter — may read the result in another tale of the Province House.

des preuves documentaires ou exigent même qu'on produise le manteau brodé, oubliant que — Dieu en soit loué ! — il est devenu la proie des flammes.

Or le vieux conservateur, dont le sang avait été échauffé par la bonne chère, se mit à deviser, à son tour, des traditions du Palais des Gouverneurs, et laissa entendre que, lui aussi, s'il nous était agréable, pourrait ajouter quelques réminiscences à notre collection de légendes. Mr. Tiffany, n'ayant aucune raison de redouter un rival, le pria immédiatement de nous faire la faveur d'un specimen ; je me joignis, comme il est naturel, à ses instances ; et notre vénérable compagnon, enchanté de rencontrer des auditeurs si bien disposés, n'attendit que le retour de Mr. Thomas Waite appelé au dehors pour recevoir et accommoder de nouveaux arrivés. Le public — mais qu'en cela son bon plaisir et le nôtre restent maîtres des circonstances — lira peut-être ce qui en résulta dans un autre conte du Palais des Gouverneurs.

THE MINISTER'S BLACK VEIL

A Parable[1].

The sexton stood in the porch of Milford meeting-house, pulling lustily at the bell-rope. The old people of the village came stooping along the street. Children with bright faces tript merrily beside their parents, or mimicked a graver gait, in the conscious dignity of their Sunday clothes. Spruce bachelors looked sidelong at the pretty maidens, and fancied that the Sabbath sunshine made them prettier than on week-days. When the throng had mostly streamed into the porch, the sexton began to toll the bell, keeping his eye on the Reverend Mr. Hooper's door. The first glimpse of the clergyman's figure was the signal for the bell to cease its summons.

" But what has good Parson Hooper got upon his face? " cried the sexton, in astonishment.

1. Another clergyman in New England, Mr. Joseph Moody, of York, Maine, who died about eighty years since, made himself remarkable by the same eccentricity that is here related of the Reverend Mr. Hooper. In his case, however, the symbol had a different import. In early life he had accidentally killed a beloved friend; and from that day till the hour or his own death, he hid his face from men.

LE VOILE NOIR DU MINISTRE

Parabole[1]

Le sacristain, sous le portail de la chapelle de Milford, tirait vigoureusement la corde de la cloche. Les vieilles gens de la petite ville s'avançaient, tout courbés, dans la direction du lieu saint. Les enfants, le visage rayonnant, trottinaient gaiement près de leurs parents ou singeaient leur démarche grave, pleins de la dignité de leurs habits du dimanche. D'élégants jeunes gens jetaient un regard de côté vers de jolies demoiselles, persuadés que le soleil du dimanche les rendait plus jolies qu'en semaine. Quand la plus grande partie des arrivants se fut écoulée sous le portail, le sacristain commença à ralentir la sonnerie, les yeux fixés sur la porte du Rev. Mr. Hooper. La première apparition du ministre fut pour lui le signal de laisser la cloche retomber dans le silence.

« Mais qu'a donc notre bon pasteur Hooper sur le visage ? » s'écria le sacristain, incapable de maîtriser son étonnement.

1. Publiée dans les *Twice Told Tales* en 1837.

Note de l'auteur. – Un autre clergyman de la Nouvelle-Angleterre ; M. Joseph Moody ministre d'York, Maine, qui mourut il y a environ quatre-vingts ans, se fit remarquer par cette même excentricité, que nous rapportons ici du Révérend Mr. Hooper. Dans son cas, cependant, le signe avait un autre sens. Pendant ses années de jeunesse, il avait accidentellement tué un ami bien-aimé ; de ce jour jusqu'à sa mort, il avait caché son visage à la vue des hommes.

All within hearing immediately turned about, and beheld the semblance of Mr. Hooper, pacing slowly his meditative way towards the meeting-house. With one accord they started, expressing more wonder than if some strange minister were coming to dust the cushions of Mr. Hooper's pulpit.

"Are you sure it is our parson?" inquired Goodman Gray of the sexton.

"Of a certainty it is good Mr. Hooper," replied the sexton. "He was to have exchanged pulpits with Parson Shute, of Westbury; but Parson Shute sent to excuse himself yesterday, being to preach a funeral sermon."

The cause of so much amazement may appear sufficiently slight. Mr. Hooper, a gentlemanly person, of about thirty, though still a bachelor, was dressed with due clerical neatness, as if a careful wife had starched his band and brushed the weekly drust from his Sunday's garb. There was but one thing remarkable in his appearance. Swathed about his forehead, and hanging down over his face, so low as to be shaken by his breath, Mr. Hooper had on a black veil. On a nearer view, it seemed to consist of two folds of crape, which entirely concealed his features, except the mouth and chin, but probably did not intercept his sight, farther than to give a darkened aspect to all living and inanimate things. With this gloomy shade before him, good Mr. Hooper walked onward, at a slow and quiet pace, stooping somewhat, and looking on the ground, as is customary with abstracted men, yet nodding kindly to parishioners who still waited on the meeting-house steps. But so wonderstruck were they, that his greeting hardly met with a return.

"I can't really feel as if good Mr. Hooper's face

Tous ceux qui étaient à portée de sa voix se retournèrent immédiatement et aperçurent une forme qui ressemblait à Mr. Hooper, s'avançant lentement d'un pas méditatif vers la chapelle. D'un commun accord, ils tressaillirent, exprimant plus de surprise que si un ministre étranger et inconnu était venu prendre en chaire la place de Mr. Hooper et essuyer la poussière de ses coussins.

« Etes-vous sûr que c'est notre pasteur ? » demanda le sieur Gray au sacristain.

« Sans aucun doute, c'est notre bon Mr. Hooper », répliqua le sacristain. « Il devait aujourd'hui faire échange avec le pasteur Shute, de Westbury; mais le pasteur Shute s'est excusé hier, devant faire aujourd'hui un sermon pour des obsèques. »

La cause de pareil effarement pourra sembler assez insignifiante. Mr. Hooper, âgé d'environ trente ans, distingué de sa personne, encore célibataire, était habillé avec toute la correction ecclésiastique, comme si une épouse attentive avait amidonné son rabat et brossé ses vêtements du dimanche pour en enlever soigneusement la poussière accumulée pendant la semaine. Il n'y avait dans son aspect qu'une chose qui pût attirer l'attention. Serré autour de son front et pendant devant son visage, assez bas pour vibrer au mouvement de son souffle, Mr. Hooper portait un voile noir. A y regarder de plus près, ce voile semblait consister en un double morceau de crêpe qui cachait entièrement ses traits, excepté la bouche et le menton et, sans doute, assombrissait, sans les cacher, les objets ou les personnes sur lesquels se posait son regard. Avec ce bandeau sur la figure, le bon Mr. Hooper s'avançait d'un pas mesuré et tranquille, un peu courbé, fixant le sol, comme font les gens absorbés dans leurs pensées, et cependant saluant aimablement de la tête ceux des paroissiens qui se trouvaient encore sur le perron de la chapelle. Mais ils étaient si décontenancés que son salut reçut à peine de réponse.

« Je ne peux pas vraiment me figurer que c'est le

was behind that piece of crape," said the sexton.

"I don't like it," muttered an old woman, as she hobbled into the meeting-house. "He has changed himself into something awful, only by hiding his face."

"Our parson has gone mad!" cried Goodman Gray, following him across the threshold.

A rumor of some unaccountable phenomenon had preceded Mr. Hooper into the meeting-house, and set all the congregation astir. Few could refrain from twisting their heads towards the door; many stood upright, and turned directly about; while several little boys clambered upon the seats, and came down again with a terrible racket. There was a general bustle, a rustling of the women's gowns and shuffling of the men's feet, greatly at variance with that hushed repose which should attend the entrance of the minister. But Mr. Hooper appeared not to notice the perturbation of his people. He entered with an almost noiseless step, bent his head mildly to the pews on each side, and bowed as he passed his oldest parishioner, a white-haired great-grandsire, who occupied an arm-chair in the centre of the aisle. It was strange to observe how slowly this venerable man became conscious of something singular in the appearance of his pastor. He seemed not fully to partake of the prevailing wonder, till Mr. Hooper had ascended the stairs, and showed himself in the pulpit, face to face with his congregation, except for the black veil. That mysterious emblem was never once withdrawn. It shook with his measured breath as he gave out the psalm; it threw its obscurity between him and the holy page, as he read the Scriptures; and while he prayed, the veil lay heavily on his uplifted countenance. Did he seek to hide it from the dread Being whom he was addressing?

Such was the effect of this simple piece of crape, that more than one woman of delicate nerves was

visage du bon Mr. Hooper qui est derrière ce morceau de crêpe », dit le sacristain.

« Cela me fait mauvaise impression », murmura une vieille femme, qui entrait dans la chapelle en boitillant. « Quel espect terrifiant il s'est donné, rien qu'en se cachant la figure ! »

« Notre pasteur est devenu fou ! » suggéra le sieur Gray, tandis qu'il franchissait le seuil après lui.

La rumeur qu'il était survenu quelque événement inexplicable avait précédé l'arrivée de Mr. Hooper à la chapelle, et mis toute l'assemblée en agitation. Presque personne ne put se retenir de tourner la tête dans la direction de la porte; beaucoup se levèrent et firent volte-face; plusieurs petits garçons grimpèrent sur les bancs, puis en descendirent, en faisant un bruit terrible. Il y eut un remue-ménage général, un bruissement de robes de femmes, un frottement de pieds d'hommes — tout le contraire de la paix et du silence qui doivent accompagner l'entrée du ministre. Mais Mr. Hooper sembla ne pas remarquer l'émoi de ses ouailles. Il entra d'un pas discret, inclina bénignement la tête vers les stalles des deux côtés, se courba en passant devant le plus vieux paroissien, aïeul aux cheveux blancs, qui occupait un fauteuil au milieu de l'allée. Ce fut une étrange chose de voir avec quelle lenteur ce vieillard vénérable prit conscience de la singularité qui se manifestait dans l'aspect du pasteur. Il ne sembla partager l'étonnement général que lorsque Mr. Hooper eut gravi les degrés et se fut montré en chaire face à l'auditoire avec le voile noir. Le ministre ne retira pas une seule fois ce mystérieux emblème. On vit le voile trembler au rythme de son haleine, quand il annonça le psaume; le voile jeta son obscurité entre lui et la page sacrée, lorsqu'il lut les versets de l'Ecriture; et tandis qu'il disait la prière, le voile reposait lourdement sur son visage levé vers le ciel. Cherchait-il à dissimuler ses traits au Maître redoutable auquel il s'adressait ?

L'effet de ce simple morceau de crêpe fut tel que plus d'une femme de nerfs sensibles fut contrainte

forced to leave the meeting-house. Yet perhaps the pale-faced congregation was almost as fearful a sight to the minister, as his black veil to them.

Mr. Hooper had the reputation of a good preacher, but not an energetic one: he strove to win his people heavenward by mild, persuasive influences, rather than to drive them thither by the thunders of the Word. The sermon which he now delivered was marked by the same characteristics of style and manner as the general series of his pulpit oratory. But there was something, either in the sentiment of the discourse itself, or in the imagination of the auditors, which made it greatly the most powerful effort that they had ever heard from their pastor's lips. It was tinged, rather more darkly than usual, with the gentle gloom of Mr. Hooper's temperament. The subject had reference to secret sin, and those sad mysteries which we hide from our nearest and dearest, and would fain conceal from our own consciousness, even forgetting that the Omniscient can detect them. A subtle power was breathed into his words. Each member of the congregation, the most innocent girl and the man of hardened breast, felt as if the preacher had crept upon them, behind his awful veil, and discovered their hoarded iniquity of deed or thought. Many spread their clasped hands on their bosoms. There was nothing terrible in what Mr. Hooper said; at least, no violence; and yet, with every tremor of his melancholy voice, the hearers quaked. An unsought pathos came hand in hand with awe. So sensible were the audience of some unwonted attribute in their minister, that they longed for a breath of wind to blow aside the veil, almost believing that a stranger's visage would be discovered, though the form, gesture, and voice were those of Mr. Hooper.

At the close of the services, the people hurried out

de quitter la chapelle. Cependant les visages pâlis de l'auditoire étaient peut-être un spectacle presque aussi impressionnant pour le ministre, que pour eux son voile noir.

Mr. Hooper avait une réputation de bon prédicateur, mais dont la force n'était pas la qualité prédominante; il s'efforçait d'entraîner des ouailles au ciel par la douceur et la persuasion, plutôt que de les y pousser par les éclats de tonnerre du Verbe. Le sermon qu'il prononça ce jour-là fut marqué des mêmes caractères de style et de diction que l'ensemble de son éloquence sacrée. Mais il y avait quelque chose, soit dans les sentiments exprimés dans le discours, soit dans l'imagination des auditeurs, qui le leur fit juger comme le plus puissant effort que leur pasteur ait fait jusque-là. Il était coloré, plus nettement que d'ordinaire, de la douce mélancolie du tempérament de Mr. Hooper. Le sujet en était le péché caché, les sombres mystères que nous dissimulons à ceux qui nous sont les plus proches et les plus chers, et que nous cherchons même à écarter de notre propre conscience, oubliant que l'Etre omniscient sait les découvrir. Une force impalpable animait ses paroles. Tous les membres du troupeau, de la vierge la plus innocente à l'homme le plus endurci, avaient le sentiment que le prédicateur s'était glissé dans leur for intérieur, derrière son voile noir, et avait mis à jour le monceau d'iniquités accumulé dans leurs actes ou leurs pensées. Plus d'un porta ses mains jointes à sa poitrine. Il n'y avait rien d'effrayant dans ce qu'avait dit Mr. Hooper; du moins, aucune violence; et cependant, à toutes les vibrations de sa voix plaintive, les auditeurs tremblaient. Un effet dramatique spontané ressortait de sa gravité impressionnante. L'auditoire avait le sentiment si distinct d'une qualité inusitée dans l'éloquence de son ministre, qu'il souhaitait qu'un souffle de vent déplaçât le voile, s'attendant à demi à voir apparaître le visage d'un étranger, bien que le corps, le geste et la voix fussent ceux de Mr. Hooper.

A la fin de l'office, les fidèles se précipitèrent vers la

with indecorous confusion, eager to communicate their pent-up amazement, and conscious of lighter spirits, the moment they lost sight of the black veil. Some gathered in little circles, huddled closely together, with their mouths all whispering in the centre; some went homeward alone, wrapt in silent meditation; some talked loudly, and profaned the Sabbath day with ostentatious laughter. A few shook their sagacious heads, intimating that they could penetrate the mystery; while one or two affirmed that there was no mystery at all, byt only that Mr. Hooper's eyes were so weakened by the midnight lamp, as to require a shade. After a brief interval, forth came good Mr. Hooper also, in the rear of his flock. Turning his veiled face from one group to another, he paid due reverence to the hoary heads, saluted the middle-aged with kind dignity, as their friend and spiritual guide, greeted the young with mingled authority and love, and laid his hands on the little children's heads to bless them. Such was always his custom on the Sabbath day. Strange and bewildered looks repaid him for his courtesy. None, as on former occasions, aspired to the honor of walking by their pastor's side. Old Squire Saunders, doubtless by an accidental lapse of memory, neglected to invite Mr. Hooper to his table, where the good clergyman had been wont to bless the food, almost every Sunday since his settlement. He returned, therefore, to the parsonage, and, at the moment of closing the door, was observed to look back upon the people, all of whom had their eyes fixed upon the minister. A sad smile gleamed faintly from beneath the black veil, and flickered about his mouth, glimmering as he disappeared.

" How strange, " said a lady, " that a simple black veil, such as any woman might wear on her bonnet, should become such a terrible thing on Mr. Hooper's face! "

porte en hâte inconvenante, impatients de se communiquer leur étonnement jusque-là réduit au silence, éprouvant un soulagement à ne plus voir le voile noir. Les uns se réunirent en petits groupes, serrés les uns contre les autres, têtes rapprochées, pour se murmurer leurs impressions; d'autres rentrèrent chez eux, plongés en de muettes méditations; d'autres parlaient fort, profanant le jour du Seigneur de rires non réprimés. Quelques-uns secouaient la tête d'un air sagace, laissant entendre qu'ils pénétraient le mystère; un ou deux affirmaient qu'il n'y avait pas de mystère du tout, mais que les yeux de Mr. Hooper étaient si fatigués par ses veilles qu'il leur fallait ce bandeau transparent. Quelque temps après, le bon Mr. Hooper lui-même sortit, à l'arrière-garde du troupeau. Tournant son visage voilé, tantôt vers un groupe, tantôt vers un autre, il fit ses respects aux têtes chenues, salua les personnes d'âge moyen avec une dignité bienveillante, comme il convenait à leur ami et leur guide spirituel, sourit aux jeunes avec un mélange d'autorité et d'affection, et mit la main sur la tête des petits enfants pour les bénir. Telle était toujours sa coutume, le jour du Seigneur. Des regards étonnés et inquiets accueillirent sa courtoisie. Personne, contrairement à l'habitude, n'aspira à l'honneur d'accompagner le pasteur. Le vieux monsieur Saunders, l'honorable juge, sans doute par une absence de mémoire, négligea d'inviter Mr. Hooper à sa table, où le digne ministre avait toujours prononcé le *benedicite*, presque chaque dimanche depuis sa nomination. Il rentra donc au presbytère. Au moment de fermer la porte, on le vit se retourner pour jeter un regard sur les assistants, dont les yeux étaient fixés sur lui. Un sourire triste se dessina faiblement sous le voile noir, et se dissipa, colorant ses lèvres d'un pâle éclat au moment où il disparut.

« N'est-il pas étrange », dit une dame, « qu'un simple voile noir, semblable à celui que toute femme peut porter sur sa coiffure, prenne un aspect aussi terrible sur le visage de Mr. Hooper ? »

" Something must surely be amiss with Mr. Hooper's intellects, " observed her husband, the physician of the village. " But the strangest part of the affair is the effect of this vagary, even on a sober-minded man like myself. The black veil, though it covers only our pastor's face, throws its influence over his whole person, and makes him ghost-like from head to foot. Do you not feel it so? "

" Truly do I, " replied the lady; " and I would not be alone with him for the world. I wonder he is not afraid to be alone with himself! "

" Men sometimes are so, " said her husband.

The afternoon service was attended with similar circumstances. At its conclusion, the bell tolled for the funeral of a young lady. The relatives and friends were assembled in the house, and the more distant acquaintances stood about the door, speaking of the good qualities of the deceased, when their talk was interrupted by the appearance of Mr. Hooper, still covered with his black veil. It was now an appropriate emblem. The clergyman stepped into the room where the corpse was laid, and bent over the coffin, to take a last farewell of his deceased parishioner. As he stooped, the veil hung straight down from his forehead, so that, if her eyelids had not been closed forever, the dead maiden might have seen his face. Could Mr. Hooper be fearful of her glance, that he so hastily caught back the black veil? A person, who watched the interview between the dead and living scrupled not to affirm, that, at the instant when the clergyman's features were disclosed, the corpse had slightly shuddered, rustling the shroud and muslin cap, though the countenance retained the composure of death. A superstitious old woman was the only witness of this prodigy. From the coffin Mr. Hooper passed into the chamber of the mourners, and thence to the head of the staircase, to make the funeral prayer. It was a tender and heart-dissolving prayer, full of sorrow, yet

« L'esprit de Mr. Hooper doit être dérangé », fit observer le mari de cette dame, qui était le médecin de la ville. « Mais la chose la plus curieuse est l'effet que produit cette fantaisie saugrenue même sur un homme à tête froide comme moi. Le voile noir, bien qu'il ne recouvre que le visage de notre pasteur, jette son influence sur toute sa personne, et le fait ressembler à un fantôme, de la tête aux pieds. N'avez-vous pas cette impression ? »

« Si, vraiment », répondit la dame ; « et je ne voudrais pour rien au monde me trouver seule avec lui. Je me demande s'il n'a pas peur de se trouver seul avec lui-même. »

« Il y a des cas où cela arrive », dit le mari.

L'office du soir se passa de la même façon. Après le culte, la cloche sonna pour les obsèques d'une jeune fille. Les parents et les amis étaient réunis dans la maison, et les connaissances s'étaient groupées à la porte, s'entretenant des qualités de la défunte, lorsque leur conversation fut interrompue par l'apparition de Mr. Hooper, toujours couvert de son voile noir. C'était maintenant un emblème approprié. Le ministre entra dans la chambre où le corps était étendu, et se pencha sur le cercueil pour adresser un dernier adieu à sa paroissienne décédée. Au moment où il se courba, le voile pendit droit de son front, de sorte que, si ses paupières n'avaient pas été closes pour jamais, la pauvre morte aurait pu voir son visage. Mr. Hooper avait-il peur de ses regards, qu'il se hâta si vite de ressaisir le voile noir ? Une personne, qui avait pu observer de près l'entrevue entre la morte et le vivant, affirma avec assurance qu'au moment où les traits du ministre se révélèrent, le corps eut un léger tressaillement, produisant un frémissement du linceul et de la coiffe de mousseline, bien que le visage conservât l'immobilité de la mort. Une vieille femme superstitieuse fut le seul témoin de ce prodige. Du cercueil, Mr. Hooper passa dans la salle où se tenait la famille et de là en haut de l'escalier pour prononcer la prière. Ce fut une prière dolente, attendrissante, pleine de

so imbued with celestial hopes, that the music ot a heavenly harp, swept by the fingers of the dead, seemed faintly to be heard among the saddest accents of the minister. The people trembled, though they but darkly understood him when he prayed that they, and himself, and all of mortal race, might be ready, as he trusted this young maiden had been, for the dreadful hour that should snatch the veil from their faces. The bearers went heavily forth, and the mourners followed, saddening all the street, with the dead before them, and Mr. Hooper in his black veil behind.

"Why do you look back?" said one in the procession to his partner.

"I had a fancy," replied she, "that the minister and the maiden's spirit were walking hand in hand."

"And so had I, at the same moment," said the other.

That night, the handsomest couple in Milford village were to be joined in wedlock. Though reckoned a melancholy man, Mr. Hooper had a placid cheerfulness for such occasions, which often excited a sympathetic smile, where livelier merriment would have been thrown away. There was no quality of his disposition which made him more beloved than this. The company at the wedding awaited his arrival with impatience, trusting that the strange awe, which had gathered over him throughout the day, would now be dispelled. But such was not the result. When Mr. Hooper came, the first thing that their eyes rested on was the same horrible black veil, which had added deeper gloom to the funeral, and could portend nothing but evil to the wedding. Such was its immediate effect on the guests, that a cloud seemed to have rolled duskily from beneath the black crape, and dimmed the light of the candles. The bridal pair stood up before the minister. But the bride's cold fingers quivered in the tremulous hand of the bridegroom,

tristesse, cependant si pénétrée de l'espoir de l'au-delà, qu'on semblait entendre faiblement la musique d'une harpe céleste, touchée par les doigts des morts, parmi les accents plaintifs du ministre. Les assistants tremblaient, quoiqu'ils ne l'aient qu'imparfaitement compris lorsqu'il exprima le vœu, dans sa prière, qu'eux et lui et toute la race mortelle fussent prêts, comme il pensait que l'était la jeune défunte, pour l'heure terrible qui verrait le voile tomber de leur face. Les porteurs se mirent en marche de leur pas lourd, et le cortège suivit, mettant toute la rue en deuil, avec la morte en avant et Mr. Hooper derrière, le visage couvert de son voile noir.

« Pourquoi vous retournez-vous ? » dit l'une des personnes du cortège à sa voisine.

« Il m'était venu à l'idée », répliqua celle-ci, « que le ministre et l'esprit de la jeune morte marchaient la main dans la main. »

« A moi aussi, cette idée m'était venue au même moment », reprit la première.

Ce soir-là devait avoir lieu le mariage du plus joli couple de la petite ville de Milford. Bien que considéré comme de tempérament mélancolique, Mr. Hooper savait, en de telles occasions, s'épanouir placidement et faire naître un sourire sympathique, là où une gaieté moins discrète n'aurait pas convenu. Il n'y avait pas de trait de son caractère que le fît plus aimer que celui-là. Les invités au mariage attendaient son arrivée avec impatience, comptant que l'humeur sombre, qui s'était appesantie sur lui toute la journée, disparaîtrait maintenant. Mais tel ne fut pas le cas. Quand Mr. Hooper arriva, la première chose que leurs regards rencontrèrent fut le même horrible voile noir, qui avait rendu plus triste la cérémonie funèbre, et qui ne pouvait jeter qu'un sombre présage sur le mariage. L'effet immédiat sur les invités fut tel qu'il sembla qu'un nuage livide avait roulé de dessous le voile noir et terni la lumière des flambeaux. Le couple vint se placer debout devant le ministre. Mais les doigts glacés de la mariée tremblaient dans la main

and her death-like paleness caused a whisper that the maiden who had been buried a few hours before was come from her grave to be married. If ever another wedding were so dismal, it was that famous one, where they tolled the wedding knell. After performing the ceremony, Mr. Hooper raised a glass of wine to his lips, wishing happiness to the new married couple, in a strain of mild pleasantry, that ought to have brightened the features of the guests, like a cheerful gleam from the hearth. At that instant, catching a glimpse of his figure in the looking-glass, the black veil involved his own spirit in the horror with which it overwhelmed all others. His frame shuddered, — his lips grew white, – he spilt the untasted wine upon the carpet, — and rushed forth into the darkness. For the Earth, too, had on her Black Veil.

The next day, the whole village of Milford talked of little else than Parson Hooper's black veil. That, and the mystery concealed behind it, supplied a topic for discussion between acquaintances meeting in the street and good women gossiping at their open windows. It was the first item of news that the tavern-keeper told to his guests. The children babbled of it on their way to school. One imitative little imp covered his face with an old black handkerchief, thereby so affrighting his playmates that the panic seized himself, and he wellnigh lost his wits by his own waggery.

It was remarkable that, of all the busybodies and impertinent people in the parish, not one ventured to put the plain question to Mr. Hooper, wherefore he did this thing. Hitherto, whenever there appeared the slightest call for such interference, he had never lacked advisers, nor shown himself adverse to be

nerveuse du marié, et la pâleur mortelle de celle-là éveilla la rumeur, transmise à voix basse, que la jeune fille ensevelie quelques heures auparavant était sortie de sa tombe pour venir se marier. Il n'y eut jamais mariage si lugubre, à l'exception de cette fameuse cérémonie nuptiale où la cloche sonna le glas [1]. Après la célébration religieuse, Mr. Hooper accepta un verre de vin qu'il leva en exprimant ses souhaits de bonheur au jeune couple, d'un ton d'enjouement contenu, qui aurait dû dérider le visage des personnes présentes, comme une lueur joyeuse jaillie du foyer. A ce moment, apercevant son image dans la glace, le ministre fut frappé lui-même de l'effroi que son voile noir inspirait aux autres. Il trembla de tout son corps... ses lèvres pâlirent... il renversa sur le tapis le vin où il n'avait pas trempé ses lèvres... et, sortant en toute hâte, il disparut dans la nuit. Car la terre aussi avait mis son voile noir.

Le lendemain, toute la population de la petite ville ne parlait presque que du voile noir du ministre Hooper. Cela, avec le mystère caché derrière, formait un sujet de discussion pour les connaissances qui se rencontraient dans la rue et pour les commères bavardant à leur fenêtre. C'était la première nouvelle que l'hôtelier annonçait à ses clients. Les enfants en babillaient en se rendant à l'école. Un petit polisson, porté aux singeries, se couvrit le visage d'une pièce de vieille mousseline noire, effrayant ainsi ses camarades, au point que la panique le saisit lui-même et qu'il faillit perdre la raison comme conséquence de sa mauvaise plaisanterie.

Il est surprenant qu'aucun des officieux ou des impertinents de la paroisse ne se hasardât à demander carrément à Mr. Hooper pourquoi il faisait cela. Jusque-là, chaque fois que se présentait le moindre prétexte d'intervention, les conseillers ne manquaient pas, et lui ne répugnait pas à se laisser guider par leurs

1. Hawthorne fait allusion ici, en ayant l'air de rappeler un fait bien connu, à un de ses propres contes, paru récemment : *Le mariage où l'on sonna le glas (The Wedding Knell)*.

guided by their judgment. If he erred at all, it was by so painful a degree of self-distrust, that even the mildest censure would lead him to consider an indifferent action as a crime. Yet, though so well acquainted with this amiable weakness, no individual among his parishioners chose to make the black veil a subject of friendly remonstrance. There was a feeling of dread, neither plainly confessed nor carefully concealed, which caused each to shift the responsibility upon another, till at length it was found expedient to send a deputation of the church, in order to deal with Mr. Hooper about the mystery, before it should grow into a scandal. Never did an embassy so ill discharge its duties. The minister received them with friendly courtesy, but became silent, after they were seated, leaving to his visiters the whole burthen of introducing their important business. The topic, it might be supposed, was obvious enough. There was the black veii, swathed round Mr. Hooper's forehead, and concealing every feature above his placid mouth, on which, at times, they could perceive the glimmering of a melancholy smile. But that piece of crape, to their imagination, seemed to hang down before his heart, the symbol of a fearful secret between him and them. Were the veil but cast aside, they might speak freely of it, but not till then. Thus they sat a considerable time, speechless, confused, and shrinking uneasily from Mr. Hooper's eye, which they felt to be fixed upon them with an invisible glance. Finally, the deputies returned abashed to their constituents, pronouncing the matter too weighty to be handled, except by a council of the churches, if, indeed, it might not require a general synod.

But there was one person in the village, unappalled by the awe with which the black veil had impressed all beside herself. When the deputies returned without an explanation, or even venturing to demand one, she, with the calm energy of her character, determined to chase away the strange cloud that appeared to be

avis. S'il avait un défaut, c'était une défiance de soi presque morbide qui, au cas où on manifestait la moindre désapprobation, lui faisait considérer le plus insignifiant de ses actes comme un crime. Cependant, quoiqu'on connût bien cette petite faiblesse, personne n'osa présenter au pasteur aucune amicale observation au sujet du voile noir. Un sentiment de crainte, chez les paroissiens, qu'ils ne pouvaient ni avouer ouvertement ni complètement dissimuler, les incitait à se rejeter la responsabilité l'un sur l'autre. En fin de compte, on s'arrêta à la solution d'envoyer à Mr. Hooper une délégation de fidèles pour traiter avec lui du mystère du voile noir, avant que le scandale ne devînt intolérable. Jamais ambassade ne s'acquitta si mal de sa mission. Le ministre les reçut avec une aimable courtoisie; mais, après leur avoir dit de s'asseoir, resta silencieux, laissant aux visiteurs tout le fardeau d'entamer la négociation. L'objet en était, semblait-il, assez clair. Là devant eux était le voile noir, serré autour du front de Mr. Hooper et cachant ses traits au-dessus de sa bouche placide, sur laquelle, de temps en temps, on voyait se dessiner un sourire mélancolique. Mais ce morceau de crêpe, dans leur imagination, semblait suspendu devant le cœur même du pasteur, symbole du terrible secret qui le séparait d'eux. S'il avait retiré le voile, ils auraient pu parler; mais, tant que le voile cachait son visage, ils ne le pouvaient pas. Ils restèrent donc assis longtemps, muets, confus, tremblant devant Mr. Hooper, dont ils sentaient le regard invisible fixé sur eux. Enfin, les députés revinrent décontenancés, vers leurs mandants, déclarant qu'un cas aussi grave ne pouvait être traité que par un conseil des églises, peut-être même par un synode général.

Il y avait, dans la ville, une personne que n'atteignait pas la terreur inspirée à tous par le voile noir. Quand les députés revinrent sans explication, sans même avoir osé en demander une, elle, avec l'énergie tranquille qui était dans son caractère, résolut de dissiper le nuage troublant qui, chaque jour, s'épaississait davantage

settling round Mr. Hooper, every moment more darkly than before. As his plighted wife, it should be her privilege to know what the black veil concealed. At the minister's first visit, therefore, she entered upon the subject, with a direct simplicity which made the task easier both for him and her. After he had seated himself, she fixed her eyes steadfastly upon the veil, but could discern nothing of the dreadful gloom that had so overawed the multitude; it was but a double fold of crape, hanging down from his forehead to his mouth, and slightly stirring with his breath.

"No," said she aloud, and smiling, "there is nothing terrible in this piece of crape, except that it hides a face which I am always glad to look upon. Come, good sir, let the sun shine from behind the cloud. First lay aside your black veil : then tell me why you put it on."

Mr. Hooper's smile glimmered faintly.

"There is an hour to come," said he, "when all of us shall cast aside our veils. Take it not amiss, beloved friend, if I wear this piece of crape till then."

"Your words are a mystery too," returned the young lady. "Take away the veil from them, at least."

"Elizabeth, I will," said be, "so far as my vow may suffer me. Know, then, this veil is a type and a symbol, and I am bound to wear it ever, both in light and darkness, in solitude and before the gaze of multitudes, and as with strangers, so with my familiar friends. No mortal eye will see it withdrawn. This dismal shade must separate me from the world: even you, Elizabeth, can never come behind it!"

"What grievous affliction hath befallen you," she earnestly inquired, "that you should thus darken your eyes forever?"

"If it be a sign of mourning," replied Mr. Hooper, "I, perhaps, like most other mortals, have sorrows dark enough to be typified by a black veil."

autour de Mr. Hooper. Elle, sa fiancée, au nom de la promesse échangée, devait avoir le privilège de savoir ce que cachait le voile noir. A la première visite que lui fit le ministre, elle entama le sujet, avec une franche simplicité qui rendit la tâche plus facile pour elle et pour lui. Après qu'il se fût assis, elle fixa les yeux sans broncher sur le voile, n'y découvrant rien du ténébreux mystère qui faisait trembler la multitude. Ce n'était qu'un morceau de crêpe plié en deux, tombant de son front à sa bouche, et vibrant légèrement sous l'impulsion de son souffle.

« Non », dit-elle tout haut en souriant, « il n'y a rien de terrible dans ce crêpe, sinon qu'il cache un visage que j'ai toujours eu du plaisir à regarder. Otez ce voile, et dites-moi pourquoi vous l'avez mis. »

Mr. Hooper sourit tristement « Il viendra une heure », dit-il, « où tous tant que nous sommes devrons rejeter notre voile. Ne vous offensez pas, aimée, de ce que je le garde jusqu'à ce moment. »

« Vos paroles sont enveloppées de mystère », répondit la jeune fille. « Enlevez au moins le voile qui les recouvre, elles. »

« Elizabeth, j'y consens », dit-il, « dans la mesure où me le permet le vœu que j'ai formé. Sachez donc que ce voile est un insigne et un symbole, et que je suis tenu à le porter toujours, à la lumière et dans l'obscurité, dans la solitude et sous les yeux de la foule, avec des étrangers aussi bien qu'avec mes amis. Aucun regard mortel ne le verra disparaître. Ce lugubre bandeau doit me séparer du monde; même vous, Elizabeth, ne pouvez franchir cette barrière. »

« De quelle terrible affliction avez-vous été frappé », demanda-t-elle instamment, « que vous assombrissez ainsi vos yeux à jamais ? »

« Si c'est en signe de deuil », répliqua Mr. Hooper, « j'ai peut-être, comme la plupart des mortels, d'assez sombres chagrins pour que je puisse porter ce voile noir, à titre de symbole. »

"But what if the world will not believe that it is the type of an innocent sorrow?" urged Elizabeth. "Beloved and respected as you are, there may be whispers, that you hide your face under the consciousness of secret sin. For the sake of your holy office, do away this scandal!"

The color rose into her cheeks as she intimated the nature of the rumors that were already abroad in the village. But Mr. Hooper's mildness did not forsake him. He even smiled again, — that same sad smile, which always appeared like a faint glimmering of light, proceeding from the obscurity beneath the veil.

"If I hide my face for sorrow, there is cause enough," he merely replied; "and if I cover it for secret sin, what mortal might not do the same?"

And with this gentle, but unconquerable obstinacy did he resist all her entreaties. At length Elizabeth sat silent. For a few moments she appeared lost in thought, considering, probably, what new methods might be tried to withdraw her lover from so dark a fantasy, which, if it had no other meaning, was perhaps a symptom of mental disease. Though of a firmer character than his own, the tears rolled down her cheeks. But, in a instant, as it were, a new feeling took the place of sorrow: her eyes were fixed insensibly on the black veil, when, like a sudden twilight in the air, its terrors fell around her. She arose, and stood trembling before him.

"And do you feel it then at last?" said he, mournfully.

She made no reply, but covered her eyes with her hand, and turned to leave the room. He rushed forward and caught her arm.

"Have patience with me, Elizabeth!" cried he, pas-

« Mais si le monde ne veut pas croire que ce soit le signe d'un chagrin où n'intervienne aucune faute ? » insista Elizabeth. « Quels que soient l'affection et le respect dont on vous entoure, on peut colporter tout bas que vous vous cachez le visage parce que vous avez conscience d'un péché secret. Au nom de votre sainte mission, cessez de prêter le flanc à de pareilles rumeurs ! »

Une rougeur monta aux joues de la jeune fille, lorsqu'elle fit ainsi allusion aux mauvais bruits qui couraient déjà dans la ville. Mais Mr. Hooper ne se départit pas de sa bénignité. Il sourit même de nouveau, de ce sourire triste, qui ressemblait à une pâle lueur, émanant de l'obscurité qui s'accumulait sous le voile.

« Si je cache mon visage parce que j'ai du chagrin, Dieu sait que les raisons n'en manquent pas », répondit-il sans se déconcerter; « et si c'est en raison d'un péché secret, quel est le mortel qui ne pourrait faire de même ? »

Il résista à toutes les objurgations d'Elizabeth avec la même obstination douce, mais invincible. A la fin, Elizabeth se rassit sans plus parler. Pendant quelques instants, elle parut perdue dans ses pensées, se demandant peut-être quelle nouvelle méthode elle pourrait employer pour arracher son fiancé à sa sombre fantaisie, qui, si on ne pouvait lui trouver d'autre signification, était peut-être le symptôme d'une maladie mentale. Bien qu'elle fût d'un caractère plus ferme que lui, des larmes roulèrent le long de ses joues. Mais, soudain, un nouveau sentiment prit la place du chagrin; ses yeux s'arrêtèrent de plus en plus fixement sur le voile noir, et, comme l'air parfois s'obscurcit tout à coup, une frayeur l'enveloppa. Elle se leva et se mit à trembler devant lui.

« Ah! vous aussi! » dit-il, plaintivement.

Elle ne répondit pas, mais se couvrit les yeux de la main, et fit volte-face, comme pour quitter la chambre. Il fit un pas précipité en avant et lui saisit le bras.

« Elizabeth, acceptez patiemment mon affliction! »

sionately. "Do not desert me, though this veil must be between us here on earth. Be mine, and hereafter there shall be no veil over my face, no darkness between our souls! It is but a mortal veil, — it is not for eternity! Oh! you know not how lonely I am, and how frightened, to be alone behind my black veil! Do not leave me in this miserable obscurity forever!"

"Lift the veil but once, and look me in the face," said she.

"Never! It cannot be!" replied Mr. Hooper.

"Then, farewell!" said Elizabeth.

She withdrew her arm from his grasp, and slowly departed, pausing at the door, to give one long, shuddering gaze, that seemed almost to penetrate the mystery of the black veil. But, even amid his grief, Mr. Hooper smiled to think that only a material emblem had separated him from happiness, though the horrors which it shadowed forth must be drawn darkly between the fondest of lovers.

From that time no attempts were made to remove Mr. Hooper's black veil, or, by a direct appeal, to discover the secret which it was supposed to hide. By persons who claimed a superiority to popular prejudice, it was reckoned merely an eccentric whim, such as often mingles with the sober actions of men otherwise rational, and tinges them all with its own semblance of insanity. But with the multitude, good Mr. Hooper was irreparably a bugbear. He could not walk the street with any peace of mind, so conscious was he that the gentle and timid would turn aside to avoid him, and that others would make it a point of hardihood to throw themselves in his way. The impertinence of the latter class compelled him to give up his customary walk, at sunset, to the burial-ground; for when he leaned pensively over the gate, there would always be faces behind the gravestones, peeping at his black veil. A fable went the rounds, that the stare of the dead people drove him thence. It grieved him,

s'écria-t-il passionnément. « Ne m'abandonnez pas, bien que ce voile doive rester entre nous sur cette terre. Soyez à moi et, là-haut, il n'y aura plus de voile sur mon visage, plus de ténèbres entre nos âmes! Ce n'est qu'un voile mortel; ce n'est pas pour l'éternité. Oh! vous ne savez pas combien je me sens isolé, combien j'ai peur de rester seul derrière mon voile noir! Ne me laissez pas misérable, dans cette obscurité, à jamais! »

« Soulevez le voile une seule fois, et regardez-moi en face », dit-elle.

« Jamais! C'est impossible! » — « Alors, adieu! »

Elle dégagea son bras de son étreinte, et se retira lentement, s'arrêtant à la porte, avec un dernier long regard tremblant qui sembla presque pénétrer le mystère du voile noir. Hooper, au milieu de son chagrin, sourit de penser que ce n'était qu'un emblème matériel qui le séparait du bonheur, bien que les horreurs dont cet emblème était le signe dussent mettre leur obstacle sinistre entre les amants les plus épris.

A partir de ce moment, aucune nouvelle tentative ne fut faite d'écarter le voile noir du visage de Mr. Hooper; aucun appel direct, pour découvrir le secret qu'on soupçonnait derrière ses plis pesants. Les personnes qui se prétendaient supérieures au préjugé populaire ne virent là qu'un caprice excentrique, comme il s'en mêle aux actions normales de gens sensés pour tout le reste, et qui colore leur comportement d'un semblant de folie. Mais, pour la foule, le bon Mr. Hooper devint irrémédiablement un épouvantail. Il ne put passer dans les rues en tranquillité d'esprit, sentant que les doux et les timides se détournaient de lui, tandis que les autres payaient d'audace en se jetant dans son chemin. L'impertinence de ces derniers le contraignit à renoncer à sa promenade habituelle, le soir, au cimetière; car, lorsqu'il s'appuyait pensivement à la grille, il y avait toujours des yeux derrière les tombes, fixés sur son voile noir. La légende s'établit que c'était le regard fixe des morts qui le chassait

to the very depth of his kind heart, to observe how the children fled from his approach, breaking up their merriest sports, while his melancholy figure was yet afar off. Their instinctive dread caused him to feel, more strongly than aught else, that a preternatural horror was interwoven with the threads of the black crape. In truth, his own antipathy to the veil was known to be so great, that he never willingly passed before a mirror, nor stooped to drink at a still fountain, lest, in its peaceful bosom, he should be affrighted by himself. This was what gave plausibility to the whispers, that Mr. Hooper's conscience tortured him for some great crime too horrible to be entirely concealed, or otherwise than so obscurely intimated. Thus, from beneath the black veil, there rolled a cloud into the sunshine, and ambiguity of sin or sorrow, which enveloped the poor minister, so that love or sympathy could never reach him. It was said, that ghost and fiend consorted with him there. With self-shudderings and outward terrors, he walked continually in its shadow, groping darkly within his own soul, or gazing through a medium that saddened the whole world. Even the lawless wind, it was believed, respected his dreadful secret, and never blew aside the veil. But still good Mr. Hooper sadly smiled at the pale visages of the worldly throng as he passed by.

Among all its bad influences, the black veil had the one desirable effect, of making its wearer a very efficient clergyman. By the aid of his mysterious emblem — for there was no other apparent cause — he became a man of awful power, over souls that were in agony for sin. His converts always regarded him with a dread peculiar to themselves, affirming, though but figuratively, that, before he brought them to celestial light, they had been with him behind the black veil. Its gloom, indeed, enabled him to sympathize with all dark affections. Dying sinners cried aloud for

de là. Il souffrit, au fond de son cœur bienveillant, de voir les enfants fuir à son approche, interrompant leurs ébats les plus joyeux, dès que sa personne était en vue, même à une grande distance. Leur frayeur instinctive lui fit sentir, plus douloureusement que quoi que ce soit, l'horreur inhumaine entrelacée à la trame du crêpe noir. De fait, sa propre antipathie pour le voile noir se manifesta à ce point qu'il ne passait jamais de gaieté de cœur devant un miroir, et qu'il évitait de boire aux fontaines tranquilles, de peur que, dans la nappe sans rides, il ne fût épouvanté par son image. Cela donna grande plausibilité à la supposition que Mr. Hooper éprouvait des affres de conscience pour quelque grand crime, trop horrible pour ne pas rester caché ou pour être avoué autrement que de cette façon obscure. Ainsi, de dessous le voile noir s'échappait une nuée qui ternissait le soleil, une ambiguïté de péché et de douleur qui enveloppait le pauvre ministre, si bien que l'affection et la sympathie ne pouvaient plus aller à lui. On disait que, dans sa solitude, il était hanté par des fantômes et des démons. Tremblant au-dedans de lui et répandant la terreur au-dehors, il marchait dans les ténèbres, cherchant à tâtons sa pensée dans son âme ou regardant le monde extérieur à travers une atmosphère assombrie. Le vent indompté même respectait, croyait-on, son terrible secret et ne soulevait jamais son voile. Cependant le bon Mr. Hooper continuait à sourire tristement aux visages effarés de la foule qu'il croisait sur son chemin.

Au milieu de toutes ces mauvaises influences, le voile noir eut un avantage, celui de donner beaucoup d'autorité au ministre. Grâce au mystérieux emblème (car il n'y avait pas d'autre cause visible) il acquit une puissance redoutable sur les âmes en angoisse de péché. Ceux qu'il convertissait éprouvaient pour lui un respect tremblant, d'une nature particulière; ils affirmaient, dans un sens d'ailleurs tout figuré, qu'avant de connaître par lui la splendeur céleste, ils avaient été avec lui derrière le voile noir. Les ténèbres qui l'entouraient lui permettaient de sympathiser avec

Mr. Hooper, and would not yield their breath till he appeared; though ever, as he stooped to whisper consolation, they shuddered al the veiled face so near their own. Such were the terrors of the black veil, even when Death had bared his visage! Strangers came long distances to attend service at his church, with the mere idle purpose of gazing at his figure, because it was forbidden them to behold his face. But many were made to quake ere they departed! Once, during Governor Belcher's administration, Mr. Hooper was appointed to preach the election sermon. Covered with his black veil, he stood before the chief magistrate, the council, and the representatives, and wrought so deep an impression, that the legislative measures of that year were characterized by all the gloom and piety of our earliest ancestral sway.

In this manner Mr. Hooper spent a long life, irreproachable in outward act, yet shrouded in dismal suspicions; kind and loving, though unloved, and dimly feared; a man apart from men, shunned in their health and joy, but ever summoned to their aid in mortal anguish. As years wore on, shedding their snows above his sable veil, he acquired a name throughout the New England churches, and they called him Father Hooper. Nearly all his parishioners, who were of mature age when he was settled, had been borne away by many a funeral: he had one congregation in the church, and a more crowded one in the churchyard; and having wrought so late into the evening, and done his work so well, it was now good Father Hooper's turn to rest.

Several persons were visible by the shaded candlelight, in the death-chamber of the old clergyman. Natural connexions he had none. But there was the decorously grave, though unmoved physician, seeking

toutes les émotions sombres. Les pécheurs, à l'article de la mort, appelaient désespérément Mr. Hooper, et ne rendaient l'âme que lorsqu'il était venu, bien qu'on les vît, au moment où il se penchait pour leur verser la consolation, trembler à l'aspect du visage voilé, si proche du leur. Telles étaient les terreurs du voile noir, même en présence de la face soudain révélée de la Mort! Des étrangers venaient de loin assister aux offices de son église, simplement pour contempler sa personne, puisqu'il leur était interdit de voir sa figure. Mais plus d'un sortait en tremblant. Une fois, sous le gouverneur Belcher, Mr. Hooper reçut la mission de prêcher le sermon des élections. Couvert de son voile noir, debout devant le premier magistrat, le Conseil et les députés, il fit sur eux une impression si profonde que les mesures législatives de cette année-là furent empreintes de toute la gravité sombre et de la piété des anciens Puritains.

Ainsi Mr. Hooper vécut de longues années, irréprochable dans sa conduite, et cependant portant le poids de pénibles soupçons; bienveillant et affectueux, bien qu'entouré de défiance et de frayeur latentes; homme séparé des hommes, tenu à l'écart aux heures de santé et de joie, mais appelé à l'aide aux heures d'angoisse mortelle. Le temps s'écoula, répandant sa neige au-dessus de son voile noir. Il acquit un grand renom dans toutes les églises de la Nouvelle-Angleterre. On l'appelait le Père Hooper. Presque tous ceux de ses paroissiens, qui étaient d'âge mûr quand il avait pris possession de son poste, dormaient maintenant du dernier sommeil : il y avait un groupe de fidèles à l'église et un autre groupe plus nombreux au cimetière... Ayant œuvré si tard au déclin de l'âge et si bien accompli sa tâche, il était temps maintenant que le Père Hooper descendît au repos.

Une bougie à abat-jour éclairait d'une faible lueur les personnes réunies dans la chambre où gisait le ministre âgé, attendant la fin. Aucun parent. Mais il y avait le digne et grave médecin, impassible, ne cher-

only to mitigate the last pangs of the patient whom he could not save. There were the deacons, and other eminently pious members of his church. There, also, was the Reverend Mr. Clark, of Westbury, a young and zealous divine, who had ridden in haste to pray by the bedside of the expiring minister. There was the nurse, no hired handmaiden of death, but one whose calm affection had endured thus long in secrecy, in solitude, amid the chill of age, and would not perish, even at the dying hour. Who, but Elizabeth! And there lay the hoary head of good Father Hooper upon the death-pillow, with the black veil still swathed about his brow, and reaching down over his face, so that each more difficult gasp of his faint breath caused it to stir. All through life that piece of crape had hung between him and the world: it had separated him from cheerful brotherhood and woman's love, and kept him in that saddest of all prisons, his own heart; and still it lay upon his face, as if to deepen the gloom of his darksome chamber, and shade him from the sunshine of eternity.

For some time previous, his mind had been confused, wavering doubtfully between the past and the present, and hovering forward, as it were, at intervals, into the indistinctness of the world to come. There had been feverish turns, which tossed him from side to side, and wore away what little strength he had. But in his most convulsive struggles, and in the wildest vagaries of his intellect, when no other thought retained its sober influence, he still showed an awful solicitude lest the black veil should slip aside. Even if his bewildered soul could have forgotten, there was a faithful woman at his pillow, who, with averted eyes, would have covered that aged face, which she had last beheld in the comeliness of manhood. At length the death-stricken old man lay quietly in the torpor of mental and bodily exhaustion, with an imperceptible pulse, and breath that grew fainter and fainter, except

chant plus qu'à adoucir les dernières souffrances du malade qu'il ne pouvait pas sauver. Il y avait les membres de la fabrique et d'autres membres de l'église, distingués par leur piété. Il y avait aussi le Révérend Mr. Clark, de Westbury, jeune pasteur zélé, qui était venu à cheval en hâte pour prier au chevet de son collègue mourant. Il y avait la garde-malade, non pas une de celles qui louent leurs services dans les cas graves, mais une femme dont l'affection paisible avait duré en secret pendant toutes ces années et qui persistait même à l'heure de la mort. Vous avez compris que c'était Elizabeth. La tête chenue du bon Père Hooper reposait sur l'oreiller, avec le voile noir toujours attaché autour de son front, et descendant sur son visage, vibrant à tous les efforts douloureux qu'il faisait pour respirer. Toute sa vie, ce morceau de crêpe avait été suspendu entre le monde et lui : il l'avait séparé de la douce fraternité des hommes, de l'amour d'une femme et l'avait tenu enfermé dans la plus triste des prisons, celle de son cœur. Il reposait encore sur son visage, comme pour assombrir les ténèbres de la chambre à peine éclairée, et pour adoucir l'éclat du soleil de l'éternité.

Depuis quelque temps, son esprit battait la campagne, oscillant tout troublé entre le passé et le présent, s'élançant parfois d'un vol incertain, pour ainsi dire, vers l'inconnu du monde à venir. Il avait eu des accès de fièvre, qui déjetaient son corps d'un bord à l'autre du lit, et épuisaient le peu de force qui lui restait. Mais, dans ses sursauts les plus convulsifs et dans les pires écarts de son intelligence, alors qu'aucune autre pensée ne restait saine, il avait toujours grand soin que le voile noir ne glissât pas de son front. Même si son âme égarée avait pu oublier cette préoccupation, il y avait une femme dévouée près de lui, qui, détournant les yeux, aurait ramené le bandeau sur ce visage, qu'elle avait contemplé autrefois dans la beauté de l'âge mûr. A la fin, le vieillard mourant s'apaisa dans la torpeur de l'épuisement physique et moral, son pouls devenu imperceptible, son souffle s'affaiblissant de plus en

when a long, deep, and irregular inspiration seemed to prelude the flight of his spirit.

The minister of Westbury approached the bedside. " Venerable Father Hooper, " said he, " the moment of your release is at hand. Are you ready for the lifting of the veil, that shuts in time from eternity? "

Father Hooper at first replied merely by a feeble motion of his head; then, apprehensive, perhaps, that his meaning might be doubtful, he exerted himself to speak.

" Yea, " said he, in faint accents, " my soul hath a patient weariness until that veil be lifted. "

" And is it fitting, " resumed the Reverend Mr. Clark " that a man so given to prayer, of such a blameless example, holy in deed and thought, so far as mortal judgment may pronounce, — is it fitting that a father in the church should leave a shadow on his memory, that may seem to blacken a life so pure? I pray you, my venerable brother, let not this thing be! Suffer us to be gladdened by your triumphant aspect, as you go to your reward. Before the veil of eternity be lifted, let me cast aside this black veil from your face! "

And thus speaking, the Reverend Mr. Clark bent forward to reveal the mystery of so many years. But, exerting a sudden energy, that made all the beholders stand aghast, Father Hooper snatched both his hands from beneath the bedclothes, and pressed them strongly on the black veil, resolute to struggle, if the minister of Westbury would contend with a dying man.

" Never! " cried the veiled clergyman. " On earth, never! "

" Dark old man! " exclaimed the affrighted minister, " with what horrible crime upon your soul are you now passing to the jugment? "

Father Hooper's breath heaved; it rattled in his throat; but, with a mighty effort, grasping forward with his hands, he caught hold of life, and held it back till he should speak. He even raised himself in bed;

plus, sauf lorsqu'une inspiration longue, profonde et irrégulière semblait préluder à la fuite de l'âme.

Le ministre de Westbury s'approcha de sa couche. « Vénérable Père Hooper », dit-il, « le moment de la délivrance approche. Etes-vous prêt à lever le voile qui sépare le temps de l'éternité ? »

Le Père Hooper ne répondit d'abord que par un faible mouvement de tête; puis, craignant peut-être que son intention ne fût pas assez claire, il fit le grand effort de parler.

« Oui », dit-il d'une voix assourdie, « mon âme épuisée attend patiemment que le voile soit levé. »

« Convient-il », reprit le Révérend Mr. Clark, « qu'un homme si pieusement adonné à la prière, d'un exemple si immaculé, saint dans ses pensées et dans ses actes, autant que jugement mortel puisse le discerner — convient-il qu'un père de l'église laisse planer sur sa mémoire une ombre qui semble noircir une existence si pure ? Je vous en supplie, mon vénérable frère, que cela ne soit pas! Donnez-nous la joie de voir votre visage triomphant au moment où vous allez recevoir la suprême récompense. Avant que le voile de l'éternité ne se lève, laissez-moi écarter de votre face ce voile noir! »

En prononçant ces paroles, le Révérend Mr. Clark se pencha pour révéler le mystère de tant d'années. Mais, rassemblant soudain une énergie qui terrifia tous les assistants, le Père Hooper dégagea brusquement ses mains des couvertures et les appuya avec force sur le voile noir, résolu à lutter si le ministre de Westbury cherchait à faire violence à un mourant.

« Jamais!... » murmura le malade. « Jamais sur cette terre! »

« Malheureux vieillard! » s'écria le ministre effrayé, « avec quel horrible crime sur la conscience allez-vous maintenant comparaître devant Dieu ? »

La respiration pénible soulevait la poitrine du Père Hooper, un râle se faisait entendre dans sa gorge; mais, d'un effort surhumain, faisant des mains un geste d'étreinte, il saisit la vie et la retint jusqu'à ce

and there he sat, shivering with the arms of death around him, while the black veil hung down, awful, at that last moment, in the gathered terrors of a lifetime. And yet the faint, sad smile, so often there, now seemed to glimmer from its obscurity, and linger on Father Hooper's lips.

"Why do you tremble at me alone?" cried he, turning his veiled face round the circle of pale spectators. "Tremble also at each other! Have men avoided me, and women shown no pity, and children screamed and fled, only for my black veil? What but the mystery which it obscurely typifies, has made this piece of crape so awful? When the friend shows his inmost heart to his friend; the lover to his best beloved; when man does not vainly shrink from the eye of his Creator, loathsomely treasuring up the secret of his sin; then deem me a monster, for the symbol beneath which I have lived, and die! I look around me, and, lo! on every visage a Black Veil!"

While his auditors shrank from one another, in mutual affright, Father Hooper fell back upon his pillow, a veiled corpse, with a faint smile lingering on the lips. Still veiled, they laid him in his coffin, and a veiled corpse they bore him to the grave. The grass of many years has sprung up and withered on that grave, the burial stone is moss-grown, and good Mr. Hooper's face is dust; but awful is still the thought, that it mouldered beneath the Black Veil!

qu'il ait parlé. Il se souleva même sur son lit et se mit sur son séant, tremblant dans les bras de la mort, tandis que pendait le voile noir, portant au dernier moment l'aspect impressionnant des terreurs accumulées pendant toute une vie. Et cependant le pâle et triste sourire, qu'on connaissait bien, sembla s'éveiller sous le sombre bandeau et s'attarder sur les lèvres du Père Hooper.

« Pourquoi ne tremblez-vous que pour moi ? », dit-il, tournant son visage voilé vers le cercle des spectateurs effarés. « Tremblez pour vous tous! Les hommes ne m'ont-ils évité, les femmes ne m'ont-elles refusé leur pitié, les enfants ne m'ont-ils fui en poussant des cris, qu'en raison du voile noir ? N'est-ce pas le mystère dont il est le signe, qui a empreint ce morceau de crêpe de tant de terreur ? Quand l'ami ouvrira les retraites de son cœur à son ami; l'aimé à sa bien-aimée; quand l'homme ne se cachera plus au regard du Créateur, laissant s'accumuler le monceau répugnant de ses péchés secrets, considérez-moi alors comme un monstre, en raison du symbole sous lequel j'ai vécu, sous lequel je meurs! Tout autour de moi, voyez! sur tous les visages, un Voile Noir! »

Tandis que les auditeurs, épouvantés, s'évitaient du regard, le Père Hooper retomba sur son oreiller, cadavre bandé de noir, le pâle sourire s'attardant sur ses lèvres. Toujours voilé de noir, ils le mirent dans son cercueil; cadavre bandé de noir, on le porta en terre. Pendant bien des années, le gazon a poussé et s'est flétri sur son tertre; la pierre tombale est recouverte de mousse, et le visage du bon Mr. Hooper n'est plus que poussière; mais il subsiste la pensée terrifiante qu'il est tombé en décomposition sous le Voile Noir!

THE PROPHETIC PICTURES

" But this painter! " cried Walter Ludlow, with animation. " He not only excels in his peculiar art, but possesses vast acquirements in all other learning and science. He talks Hebrew with Dr. Mather, and gives lectures in anatomy to Dr. Boylston. In a word, he will meet the best instructed man among us, on his own ground. Moreover, he is a polished gentleman, — a citizen of the world, — yes, a true cosmopolite; for he will speak like a native of each clime and country on the globe, except our own forests, whither he is now going. Nor is all this what I most admire in him. "

" Indeed! " said Elinor, who had listened with a woman's interest to the description of such a man. " Yet this is admirable enough. "

" Surely it is, " replied her lover, " but far less so than his natural gift of adapting himself to every variety of character, insomuch that all men — and all women too, Elinor — shall find a mirror of themselves in this wonderful painter. But the greatest wonder is yet to be told. "

" Nay, if he have more wonderful attributes than

1. This story was suggested by an anecdote of Stuart, related in Dunlap's *History of the Arts of Design*, – a most entertaining book to the general reader, and a deeply interesting one, we should think, to the artist.

LES PEINTURES PROPHÉTIQUES[1]

« Mais ce peintre! » s'écria Walter Ludlow avec animation. « Non seulement il excelle dans son art, mais il possède de vastes connaissances dans le domaine de la culture et de la science. Il parle hébreu avec le Rév. Mr. Mather et donne des leçons d'anatomie au Dr Boylston. En un mot, il tient tête aux plus instruits d'entre nous sur leur propre terrain. De plus, c'est un homme du monde, un citoyen de l'univers, oui, un vrai cosmopolite; car il parle de tous les climats et pays du globe comme s'il y était né — excepté nos forêts, qu'il se prépare à aller visiter. Et tout cela n'est pas encore ce que j'admire le plus chez lui. »

« Vraiment! » dit Elinor, qui avait écouté avec toute sa sympathie de femme la description de ces talents. « Cependant ce que vous dites est déjà admirable. »

« Certes », répondit le fiancé de la jeune fille, « mais beaucoup moins que son don naturel de s'adapter à tous les caractères, au point qu'il se fait le miroir de tous les hommes — et de toutes les femmes aussi, Elinor. Mais je ne vous ai pas dit encore la plus grande merveille. »

« Ah! S'il a des qualités encore plus merveilleuses

1. *Note de l'auteur.* — Cette histoire a été suggérée par une anecdote concernant le peintre Stuart. On la trouve dans l'*Histoire des arts plastiques* de Dunlap, livre très intéressant pour tous les lecteurs, et encore plus, pensons-nous, pour les artistes.

(Le conte fut publié dans les *Twice Told Tales* en 1837.)

these," said Elinor, laughing, "Boston is a perilous abode for the poor gentleman. Are you telling me of a painter, or a wizard?"

"In truth," answered he, "that question might be asked much more seriously than you suppose. They say that he paints not merely a man's features, but his mind and heart. He catches the secret sentiments and passions, and throws them upon the canvas, like sunshine, — or perhaps, in the portraits of dark-souled men, like a gleam of infernal fire. It is an awful gift," added Walter, lowering his voice from its tone of enthusiasm. "I shall be almost afraid to sit to him."

"Walter, are you in earnest?" exclaimed Elinor.

"For heaven's sake, dearest Elinor, do not let him paint the look which you now wear," said her lover, smiling, though rather perplexed. "There: it is passing away now, but when you spoke, you seemed frightened to death, and very sad besides. What were you thinking of?"

"Nothing, nothing," answered Elinor, hastily. "You paint my face with your own fantasies. Well, come for me tomorrow, and we will visit this wonderful artist."

But when the young man had departed, it cannot be denied that a remarkable expression was again visible on the fair and youthful face of his mistress. It was a sad and anxious look, little in accordance with what should have been the feelings of a maiden on the eve of wedlock. Yet Walter Ludlow was the chosen of her heart.

"A look!" said Elinor to herself. "No wonder that it startled him, if it expressed what I sometimes feel. I know, by my own experience, how frightful a look may be. But it was all fancy. I thought nothing of it at

que celles-là », dit Elinor en riant, « Boston, la ville où on a exécuté tant de sorciers, pourrait bien être un endroit dangereux pour lui. Me parlez-vous d'un peintre ou d'un magicien ? »

« A vrai dire », répondit le jeune homme, « la question que vous posez pourrait être prise au sérieux. On dit qu'il ne peint pas seulement les traits, mais l'esprit et le cœur. Il saisit les passions et les sentiments secrets et les projette sur la toile, comme l'éclat du soleil — ou, lorsque son modèle est une personne à l'âme noire — comme les lueurs du feu d'enfer. C'est un don inquiétant », ajouta Walter, l'enthousiasme disparaissant de sa voix. « J'ai presque peur de poser pour lui. »

« Walter, parlez-vous sérieusement ? » s'écria Elinor.

« Au nom du ciel, très chère, ne le laissez pas peindre l'expression que vous avez en ce moment! » dit le jeune homme, en souriant, quoique troublé au fond. « Allons! voilà que cela se dissipe; mais, quand vous parliez, vous sembliez sous l'empire d'une épouvante mortelle, et, de plus, très triste. Quelles étaient vos pensées ? »

« Oh! rien, rien », reprit vivement Elinor. « Vous imaginez mon expression selon vos fantaisies. Voyons, venez me chercher demain et nous ferons visite à ce merveilleux artiste. »

Mais, lorsque le jeune homme fut parti, on ne peut nier que la même expression étrange se manifesta de nouveau sur le jeune et beau visage de sa fiancée. C'était un air de tristesse et d'anxiété, bien peu d'accord avec ce qu'auraient dû être les sentiments d'une jeune fille la veille de son mariage. Cependant elle chérissait Walter Ludlow de tout son cœur.

« L'expression de mon visage! » pensa Elinor. « Je ne m'étonne pas qu'il ait fait tressaillir Walter, s'il correspondait à ce que j'éprouve parfois. Je sais par expérience quelle terrible expression peut prendre un visage... Mais ce n'était qu'une imagination. Ce que j'ai cru surprendre une fois sur le visage de Walter,

the time, — I have seen nothing of it since, — I did but dream it."

And she busied herself about the embroidery of a ruff, in which she meant that her portrait should be taken.

The painter, of whom they had been speaking, was not one of those native artists who, at a later period than this, borrowed their colors from the Indians, and manufactured their pencils of the furs of wild beasts. Perhaps, if he could have revoked his life and pre-arranged his destiny, he might have chosen to belong to that school without a master, in the hope of being at least original, since there were no works of art to imitate, nor rules to follow. But he had been born and educated in Europe. People said, that he had studied the grandeur or beauty of conception, and every touch of the master-hand, in all the most famous pictures, in cabinets and galleries, and on the walls of churches, till there was nothing more for his powerful mind to learn. Art could add nothing to its lessons, but Nature might. He had therefore visited a world, whither none of his professional brethren had preceded him, to feast his eyes on visible images, that were noble and picturesque, yet had never been transferred to canvas. America was too poor to afford other temptations to an artist of eminence, though many of the colonial gentry, on the painter's arrival, had expressed a wish to transmit their lineaments to posterity, by means of his skill. Whenever such proposals were made, he fixed his piercing eyes on the applicant, and seemed to look him through and through. If he beheld only a sleek and comfortable visage, though there were a gold-laced coat to adorn the picture, and golden guineas to pay for it, he civilly rejected the task

je n'y ai pas attaché d'importance... je ne l'ai jamais revu... ce n'était qu'un rêve. »

Et elle s'absorba dans un travail de broderie pour une ruche, qu'elle voulait porter pour se faire faire son portrait.

Le peintre, qui avait fait l'objet de la conversation rapportée plus haut, n'était pas un de ces artistes américains qui, à une période postérieure, empruntèrent leurs couleurs aux Indiens et fabriquèrent leurs pinceaux de la fourrure des bêtes sauvages [1]. Peut-être, s'il avait pu refaire sa vie et ordonner sa destinée, aurait-il préféré appartenir à cette école sans maître, dans l'espoir d'être au moins original, puisqu'il n'aurait pris modèle sur aucune autre œuvre d'art, suivi aucune règle. Mais il était né et avait fait son apprentissage en Europe. On disait qu'il avait étudié ce qu'il y avait de grand et de beau dans la conception et ce qu'il y avait de subtil dans la technique de tous les peintres les plus fameux, dans les collections, les musées et les églises, et que son puissant esprit avait épuisé tout ce qu'on pouvait y apprendre. L'art ne pouvait plus rien ajouter à ses connaissances; mais il restait la nature. Aussi était-il venu visiter un continent où aucun de ses confrères ne l'avait précédé, pour nourrir ses regards d'images concrètes, nobles et pittoresques, qui n'avaient pas encore été transportées sur la toile. L'Amérique était trop primitive pour offrir aucune autre tentation à un artiste éminent, bien que de nombreux membres de la haute bourgeoisie coloniale, à son arrivée, aient exprimé le désir de transmettre leurs traits à la postérité par le moyen de son talent. Lorsque pareille proposition lui était faite, il fixait ses yeux perçants sur la personne et semblait la transpercer de part en part. S'il ne découvrait qu'un

1. Métaphore par laquelle l'auteur désigne une école de peintres empruntant des sujets « *de genre* » aux mœurs indiennes et à la faune des forêts. Son peintre à lui appartenait à l'école des portraitistes « psychologiques » du XVIIe et du XVIIIe siècle.

and the reward. But if the face were the index of anything uncommon, in thought, sentiment, or experience; or if he met a beggar in the street, with a white beard and a furrowed brow; or if sometimes a child happened to look up and smile; he would exhaust all the art on them that he denied to wealth.

Pictorial skill being so rare in the colonies, the painter became an object of general curiosity. If few or none could appreciate the technical merit of his productions, yet there were points in regard to which the opinion of the crowd was as valuable as the refined judgment of the amateur. He watched the effect that each picture produced on such untutored beholders, and derived profit from their remarks, while they would as soon have thought of instructing Nature herself, as him who seemed to rival her. Their admiration, it must be owned, was tinctured with the prejudices of the age and country. Some deemed it an offence against the Mosaic law, and even a presumptuous mockery of the Creator, to bring into existence such lively images of his creatures. Others, frightened at the art which could raise phantoms at will, and keep the form of the dead among the living, were inclined to consider the painter as a magician, or perhaps the famous Black Man, of old witch-times, plotting mischief in a new guise. These foolish fancies were more than half believed among the mob. Even in superior circles, his character was invested with a vague awe, partly rising like smoke-wreaths from the popular superstitions, but chiefly caused by the varied knowledge and talents which he made subservient to his profession.

visage replet et prospère, bien qu'il y eût un habit brodé d'or pour orner le tableau et de bonnes guinées d'or pour le payer, il déclinait poliment la tâche et le salaire. Mais si le visage indiquait quelque chose de rare dans la pensée, les sentiments ou l'expérience de la vie, ou s'il rencontrait dans la rue un mendiant à barbe blanche, au front sillonné, ou si un enfant levait les yeux vers lui et souriait, il faisait appel à tout cet art qui était sien et qu'il avait refusé de mettre au service de l'opulence.

Le talent de peintre était si rare aux colonies que l'artiste devint un objet de curiosité pour tous. S'il y avait peu ou pas de gens pour apprécier le mérite technique de ses productions, il y avait cependant des points où l'opinion de la foule avait autant de valeur que le jugement averti du connaisseur. Il observait l'effet que chacun de ses tableaux produisait sur les frustes et tirait profit de leurs remarques, tandis qu'eux n'auraient pas plus songé à instruire la Nature qu'à l'instruire lui, qui semblait rivaliser avec elle. Leur admiration, il faut l'avouer, portait l'empreinte des préjugés du temps et du pays. Certains pensaient que c'était une infraction à la loi de Moïse et même un péché d'orgueil et d'irrespect à l'égard du Créateur, que de produire des images aussi vivantes de ses créatures. D'autres, effrayés par cet art qui pouvait à volonté évoquer des fantômes et perpétuer la forme des morts parmi les vivants, inclinaient à considérer le peintre comme un magicien, ou peut-être comme le fameux Homme Noir [1] du temps des sorciers et des sorcières, machinant le mal sous une nouvelle forme. Ces errements absurdes trouvaient créance plus qu'à demi auprès de la multitude. Aux yeux mêmes des classes supérieures, son caractère se revêtait d'une vague terreur, née en partie des fumées de la superstition populaire, mais causée surtout par les connaissances et les talents si extraordinaires dont le peintre enrichissait sa profession.

1. Le Diable lui-même.

Being on the eve of marriage, Walter Ludlow and Elinor were eager to obtain their portraits, as the first of what, they doubtless hoped, would be a long series of family pictures. The day after the conversation above recorded, they visited the painter's rooms. A servant ushered them into an appartment, where, though the artist himself was not visible, there were personages whom they could hardly forbear greeting with reverence. They knew, indeed, that the whole assembly were but pictures, yet felt it impossible to separate the idea of life and intellect from such striking counterfeits. Several of the portraits were known to them, either as distinguished characters of the day, or their private acquaintances. There was Governor Burnett, looking as if he had just received an undutiful communication from the House of Representatives and were inditing a most sharp response. Mr. Cooke hung beside the ruler whom he opposed, sturdy, and somewhat puritanical, as befitted a popular leader. The ancient lady of Sir William Phipps eyed them from the wall, in ruff and farthingale, an imperious old dame, not unsuspected of witchcraft. John Winslow, then a very young man, wore the expression of warlike enterprise, which long afterwards made him a distinguished general. Their personal friends were recognized at a glance. In most of the pictures, the whole mind and character were brought out on the countenance, and concentrated into a single look, so that, to speak paradoxically, the originals hardly resembled themselves so strikingly as the portraits did.

Among these modern worthies, there were two old bearded Saints, who had almost vanished into the darkening canvas. There was also a pale, but unfaded Madonna, who had perhaps been worshiped in Rome, and now regarded the lovers with such a mild and holy look, that they longed to worship too.

Sur le point de se marier, Walter Ludlow et Elinor avaient le vif désir de se faire faire leur portrait, qui serait le premier, ils l'espéraient, d'une longue série de tableaux de famille. Le jour qui suivit leur conversation avec le peintre, ils visitèrent l'atelier de celui-ci. Lorsqu'un serviteur les eut introduits, le peintre n'était pas là, mais ils se trouvaient en compagnie de personnages qu'ils ne pouvaient manquer de saluer avec respect. Ils savaient, sans doute, que ce n'était qu'une réunion de portraits, mais ils ne pouvaient séparer l'idée de la vie et de l'intelligence d'images aussi frappantes. Ils connaissaient plusieurs des modèles des portraits, personnages distingués de l'époque ou leurs amis personnels. Il y avait le gouverneur Burnett [1] ayant l'air d'avoir reçu de la Chambre des Représentants une communication sans aménité, et préparant une verte réponse. A côté, l'adversaire de ce haut fonctionnaire, Mr. Cooke, énergique et austère, en sa qualité de puritain et de chef du parti populaire. L'épouse âgée de Sir William Phipps les regardait du mur d'en face, en ruche et en vertugadin, vieille dame impérieuse, que d'aucuns soupçonnaient de sorcellerie. John Winslow, très jeune alors, respirait l'humeur belliqueuse qui devait faire de lui plus tard un général distingué. Quant à leurs amis personnels, ils les reconnurent au premier coup d'œil. Dans la plupart des portraits, l'âme et le caractère apparaissaient tout entiers sur la physionomie, concentrés en l'expression. On pourrait risquer le paradoxe que les portraits ressemblaient plus aux originaux que les originaux eux-mêmes.

Parmi ces portraits récents de personnages connus, il y avait deux saints à barbe blanche, presque effacés par la patine du temps. Il y avait aussi une Madone, pâle mais très visible, qui avait peut-être été adorée à Rome et maintenant regardait les fiancés d'un air si doux et si pieux, qu'ils auraient voulu l'adorer aussi.

1. Le gouverneur anglais du Massachusetts, à cette époque, qui avait, comme toujours, maille à partir avec les élus des colons.

" How singular a thought, " observed Walter Ludlow " that this beautiful face has been beautiful for above two hundred years! Oh, if all beauty would endure so well! Do you not envy her, Elinor? "

" If earth were Heaven, I might, " she replied. " But where all things fade, how miserable to be the one that could not fade! "

"This dark old St. Peter has a fierce and ugly scowl, saint though he be, " continued Walter. " He troubles me. But the virgin looks kindly at us. "

" Yes; but very sorrowfully, methinks, " said Elinor. The easel stood beneath these three old pictures, sustaining one that had been recently commenced. After a little inspection, they began to recognise the features of their own minister, the Rev. Dr. Colman, growing into shape and life, as it were, out of a cloud.

" Kind old man! " exclaimed Elinor. " He gazes at me, as if he were about to utter a word of paternal advice."

" And at me, " said Walter, " as if he were about to shake his head and rebuke me for some suspected iniquity. But so does the original. I shall never feel quite comfortable under his eye, till we stand before him to be married. "

They now heard a footstep on the floor, and turning, beheld the painter, who had been some moments in the room, and had listened to a few of their remarks. He was a middle-aged man, with a countenance well worthy of his own pencil. Indeed, by the picturesque, though careless arrangement of his rich dress, and, perhaps, because his soul dwelt always among painted shapes, he looked somewhat like a portrait himself. His visitors were sensible of a kindred between the artist and his works, and felt as if one of the pictures had stept from the canvas to salute them.

« N'est-il pas émouvant de penser », fit Walter Ludlow, « que ce beau visage est beau depuis deux cents ans ? Oh! si toute beauté pouvait durer ainsi! Ne l'enviez-vous pas, Elinor ? »

« Si la terre était le ciel, je pourrais éprouver ce sentiment », répondit-elle. « Mais ici-bas, où tout passe, comme on serait malheureuse, si on était la seule qui ne passe pas! »

« Ce vieux saint Pierre bitumineux nous regarde d'un œil farouche et déplaisant, tout saint qu'il est », continua Walter. « Il me trouble. Mais la Vierge a un regard bienveillant. »

« Oui; mais très triste, à ce qu'il me semble », dit Elinor. Le chevalet se trouvait au-dessous de ces trois peintures anciennes, portant une ébauche récente. Après l'avoir examinée, ils finirent par discerner les traits de leur propre ministre, le Rév. Dr Colman, prenant forme et vie, pour ainsi dire, au sortir d'un nuage.

« Le brave homme! » s'écria Elinor. Il me regarde comme s'il allait émettre quelque conseil paternel. »

« Et il me semble », dit Walter, « que, d'un mouvement de tête, il me reproche à moi quelque iniquité inconnue. L'original aussi, d'ailleurs. Je ne me sentirai tout à fait à l'aise sous son regard que lorsque nous recevrons de lui la bénédiction nuptiale. »

Ils entendirent alors un pas sur le plancher et, se retournant, virent le peintre, qui était entré dans l'atelier depuis quelques instants et avait surpris quelques-unes de leurs remarques. C'était un homme d'âge moyen, avec une physionomie digne de son propre pinceau. A vrai dire, en raison de l'arrangement pittoresque, bien que négligé, de ses vêtements somptueux, et, peut-être, parce qu'il vivait sans cesse en pensée au milieu de formes peintes, il ressemblait quelque peu lui-même à un portrait. Les visiteurs eurent le sentiment d'une parenté entre l'artiste et son œuvre, comme si l'un des personnages portraiturés était descendu de la toile pour les saluer.

Walter Ludlow, who was slightly known to the painter, explained the object of their visit. While he spoke, a sunbeam was falling athwart his figure and Elinor's, with so happy an effect, that they also seemed living pictures of youth and beauty, gladdened by bright fortune. The artist was evidently struck.

" My easel is occupied for several ensuing days, and my stay in Boston must be brief, " said he, thoughtfully; then, after an observant glance, he added, " but your wishes shall be gratified, though I disappoint the Chief Justice and Madam Oliver. I must not lose this opportunity, for the sake of painting a few ells of broadcloth and brocade. "

The painter expressed a desire to introduce both their portraits into one picture, and represent them engaged in some appropriate action. This plan would have delighted the lovers, but was necessarily rejected, because so large a space of canvas would have been unfit for the room which it was intended to decorate. Two half-length portraits were therefore fixed upon. After they had taken leave, Walter Ludlow asked Elinor, with a smile, whether she knew what an influence over their fates the painter was about to acquire.

" The old women of Boston affirm, " continued he, " that after he has once got possession of a person's face and figure, he may paint him in any act or situation whatever, — and the picture will be prophetic. Do you believe it? "

" Not quite, " said Elinor, smiling. " Yet if he has such magic, there is something so gentle in his manner, that I am sure he will use it well. "

It was the painter's choice to proceed with both the portraits at the same time, assigning as a reason, in the mystical language which he sometimes used, that the faces threw light upon each other. Accordingly, he gave now a touch to Walter, and now to Elinor, and the features of one and the other began to start forth so vividly, that it appeared as if his triumphant

Walter Ludlow, que le peintre connaissait un peu, expliqua l'objet de leur visite. Tandis qu'il parlait, un rayon de soleil tomba sur Elinor et sur lui, faisant d'eux un tableau vivant de la jeunesse et de la beauté, rehaussées par le bonheur. L'artiste en fut évidemment frappé.

« Mon chevalet est occupé pour plusieurs jours et mon séjour à Boston doit être court », dit-il d'un air réfléchi; puis, dirigeant de nouveau vers eux un regard attentif, il ajouta : « Mais votre désir sera satisfait, dussé-je infliger une déception à M. le Juge et à Mme Oliver. Je ne veux pas sacrifier la belle occasion que vous m'offrez à la promesse de peindre quelques aunes de drap et de brocart. »

Le peintre proposa de mettre les deux portraits sur le même tableau et de chercher une action appropriée. Ce plan aurait enchanté les deux jeunes gens, mais dut être rejeté parce qu'une toile aussi vaste n'aurait pas convenu à la chambre qu'il s'agissait de décorer. On s'arrêta donc à deux portraits en buste. Après qu'ils eurent pris congé, Walter Ludlow demanda en souriant à Elinor si elle se rendait compte de l'influence que le peintre allait exercer sur leur destinée.

« Les commères de Boston affirment », continua-t-il, « que lorsqu'il s'est emparé de la figure et du corps d'une personne, il peut la peindre en toute action ou situation qu'il lui plaît... et que la peinture devient prophétique. Croyez-vous que cela soit vrai ? »

« Pas tout à fait », répondit Elinor en souriant. « Cependant, s'il possède cette puissance magique, il y a chez lui quelque chose de si bienveillant que je suis sûre qu'il fera bon usage de son pouvoir. »

Le peintre décida de se mettre aux deux portraits en même temps, donnant comme raison, dans le langage mystique dont il se servait quelquefois, qu'ils s'éclairaient l'un l'autre. En conséquence, il donna une touche tantôt à Walter, tantôt à Elinor, et les traits de l'un et de l'autre se dessinèrent avec tant de relief, qu'il semblait que son art triomphant allait les faire

art would actually disengage them from the canvas. Amid the rich light and deep shade, they beheld their phantom selves. But, though the likeness promised to be perfect, they were not quite satisfied with the expression ; it seemed more vague than in most of the painter's works. He, however, was satisfied with the prospect of success, and being much interested in the lovers, employed his leisure moments, unknown to them, in making a crayon sketch of their two figures. During their sittings, he engaged them in conversation, and kindled up their faces with characteristic traits, which, though continually varying, it was his purpose to combine and fix. At length he announced, that at their next visit both the portraits would be ready for delivery.

" If my pencil will but be true to my conception, in the few last touches which I meditate, " observed he, " these two pictures will be my very best performances. Seldom, indeed, has an artist such subjects. "

While speaking, he still bent his penetrative eye upon them, nor withdrew it till they had reached the bottom of the stairs.

Nothing, in the whole circle of human vanities, takes stronger hold of the imagination, than this affair of having a portrait painted. Yet why should it be so? The looking-glass, the polished globes of the andirons, the mirror-like water, and all other reflecting surfaces, continually present us with portraits, or rather ghosts, of ourselves, which we glance at, and straightway forget them. But we forget them, only because they vanish. It is the idea of duration — of earthly immortality — that gives such a mysterious interest to our own portraits. Walter and Elinor were not insensible to this feeling, and hastened to the painter's room, punctually at the appointed hour, to meet those pictured shapes, which were to be their representatives with posterity. The sunshine flashed after them into the apartment, but left it somewhat gloomy, as they closed the door.

Their eyes were immediately attracted to their por-

sortir de la toile. Parmi les lumières vives et les ombres vigoureuses, ils virent apparaître leur être figuré. Mais, bien que la ressemblance promît d'être parfaite, ils n'étaient pas tout à fait satisfaits de l'expression, elle leur semblait plus vague que dans la plupart des œuvres du peintre. Lui, cependant, ne doutait pas du succès. S'intéressant beaucoup aux deux fiancés, il employa même ses moments de loisir, à leur insu, à faire d'eux une esquisse au crayon où ils apparaissaient ensemble engagés dans une action. Au cours des séances de pose, il engageait la conversation avec eux et éveillait sur leur visage des traits caractéristiques, toujours changeants, que c'était son dessein de combiner et de fixer. A la fin, il annonça qu'après une dernière séance, les deux portraits seraient achevés.

« Si mon pinceau répond à ma vision dans les touches finales que je médite », affirma-t-il, « ces deux portraits seront mes meilleurs. Il est rare, à vrai dire, qu'artiste ait pareils modèles. »

Tandis qu'il parlait, il dirigeait sur eux son regard pénétrant, qui ne se détourna que lorsqu'ils eurent atteint le bas de l'escalier.

De toutes les vanités humaines, aucune ne s'empare plus fortement de l'imagination que cet acte de se faire faire son portrait. Pourquoi en est-il ainsi ? La glace, les globes polis des chenets, le miroir de l'eau et toutes les autres surfaces réfléchissantes nous présentent à chaque instant notre double, ou plutôt notre fantôme, que nous regardons distraitement et oublions aussitôt. Mais nous ne les oublions que parce qu'ils disparaissent. C'est l'idée de durée, d'immortalité terrestre, qui donne au portrait son mystérieux attrait. Walter et Elinor n'était pas insensibles à ce sentiment. Ils se hâtèrent de se rendre chez le peintre, ponctuellement, à l'heure convenue, pour contempler ces formes figurées qui devaient les représenter aux yeux de la postérité. Le soleil entra avec eux dans la pièce, mais l'ombre retomba plus épaisse lorsqu'ils eurent fermé la porte.

Leurs regards furent immédiatement attirés par les

traits, which rested against the farthest wall of the room. At the first glance, through the dim light and the distance, seeing themselves in precisely their natural attitudes, and with all the air that they recognized so well, they uttered a simultaneous exclamation of delight.

" There we stand, " cried Walter, enthusiastically, fixed in sunshine forever! No dark passions can gather on our faces! "

" No, " said Elinor, more calmly; " no dreary change can sadden us. "

This was said while they were approaching, and had yet gained only an imperfect view of the pictures. The painter, after saluting them, busied himself at a table in completing a crayon sketch, leaving his visitors to form their own judgment as to his perfected labors. At intervals, he sent a glance from beneath his deep eyebrows, watching their countenances in profile, with his pencil suspended over the sketch. They had now stood some moments, each in front of the other's picture, contemplating it with entranced attention, but without uttering a word. At length, Walter stepped forward, — then back, — viewing Elinor's portrait in various lights, and finally spoke.

" Is there not a change? " said he, in a doubtful and meditative tone. " Yes; the perception of it grows more vivid, the longer I look. It is certainly the same picture that I saw yesterday; the dress, — the features, — all are the same; and yet something is altered. "

" Is then the picture less like than it was yesterday? " inquired the painter, now drawing near, with irrepressible interest.

" The features are perfect, Elinor, " answered Walter, " and, at the first glance, the expression seemed also hers. But, I could fancy that the portrait has changed countenance, while I have been looking at it. The eyes are fixed on mine with a strangely sad and anxious expression. Nay, it is grief and terror! Is this like Elinor? "

portraits, placés contre le mur du fond. Au premier coup d'œil, se voyant dans leur attitude la plus naturelle, avec l'air qu'ils reconnaissaient si bien, ils poussèrent ensemble une exclamation de joie.

« Nous voilà », s'écria Walter avec enthousiasme, « fixés en plein soleil, à jamais! Aucun sentiment sombre ne peut ternir notre visage. »

« Non », dit Elinor avec plus de calme; « aucun changement regrettable ne peut nous attrister. »

Ces paroles furent prononcées tandis qu'ils avançaient, avant qu'ils n'aient pris une vue parfaite des tableaux. Le peintre, après les avoir salués, s'assit à une table pour compléter une esquisse au crayon, laissant ses visiteurs arrêter leur jugement sur l'œuvre achevée. De temps en temps, il jetait un coup d'œil dans leur direction de dessous ses sourcils épais, observant leur physionomie de profil, son crayon suspendu au-dessus du papier. Ils restèrent quelque temps là, debout, chacun contemplant le portrait de l'autre, d'une attention fascinée, sans prononcer une parole. Le peintre vit Walter avancer, puis reculer, considérant le portrait d'Elinor sous différents jours. A la fin, il parla :

« N'y a-t-il pas un changement ? », dit-il d'un ton hésitant et méditatif. « Oui; plus je regarde, plus mon sentiment se précise. C'est certainement le même portrait qu'hier; le vêtement, les traits sont les mêmes, et cependant il y a quelque chose de nouveau. »

« La ressemblance n'est-elle plus aussi bonne qu'elle était hier ? » demanda le peintre, s'approchant avec un vif intérêt.

« Les traits sont bien ceux d'Elinor », répondit Walter, « et, au premier abord, l'expression semble bien aussi être la sienne. Mais c'est comme si la physionomie du portrait changeait pendant que je la regarde. Les yeux se fixent sur les miens avec tristesse et anxiété. Que dis-je! c'est de la douleur et de l'effroi! Est-ce Elinor, cela ? »

" Compare the living face with the pictured one, " said the painter.

Walter glanced sidelong at his mistress, and started. Motionless and absorbed — fascinated as it were — in contemplation of Walter's portrait, Elinor's face had assumed precisely the expression of which he had just been complaining. Had she practised for whole hours before a mirror, she could not have caught the look so successfully. Had the picture itself been a mirror, it could not have thrown back her present aspect, with stronger and more melancholy truth. She appeared quite unconscious of the dialogue between the artist and her lover.

" Elinor, " exclaimed Walter, in amazement, " what change has come over you? "

She did not hear him, nor desist from her fixed gaze, till he seized her hand, and thus attracted her notice; then, with a sudden tremor, she looked from the picture to the face of the original.

" Do you see no change in your portrait? " asked she.

" In mine? — None! " replied Walter, examining it. " But let me see! Yes; there is a slight change, — an improvement, I think, in the picture, though none in the likeness. It has a livelier expression than yesterday, as if some bright thought were flashing from the eyes, and about to be uttered from the lips. Now that I have caught the look, it becomes very decided. "

While he was intent on these observations, Elinor turned to the painter. She regarded him with grief and awe, and felt that he repaid her with sympathy and commiseration, though wherefore she could but vaguely guess.

" That look! " whispered she, and shuddered. " How came it there? "

" Madam, " said the painter, sadly, taking her hand, and leading her apart, " in both these pictures, I have painted what I saw. The artist — the true artist —

« Comparez le visage vivant avec le portrait », dit le peintre.

Walter jeta un regard de côté vers sa fiancée et tressaillit. Immobile et absorbée, fascinée, pourrait-on dire, par la contemplation du portrait de Walter, le visage d'Elinor avait pris l'exacte expression dont le jeune homme venait de se plaindre. Si elle s'était exercée pendant des heures devant une glace, elle n'aurait pas pu réussir si bien à imiter le portrait. Si le portrait avait été la glace elle-même, il n'aurait pas pu refléter le présent aspect du visage avec une vérité plus frappante et plus triste. Elle semblait complètement inconsciente du dialogue qui se tenait entre le peintre et son fiancé, à côté d'elle.

« Elinor », s'écria Walter, effaré, « quel changement s'est produit en vous ? »

Elle ne l'entendit pas, et ne se départit de la fixité de son attitude que lorsqu'il lui saisit la main et attira ainsi son attention; alors, avec un soudain tremblement, elle reporta son regard du portrait à l'original.

« Ne voyez-vous pas un changement dans votre portrait ? » demanda-t-elle.

« Le mien ? Non! » répondit Walter, se mettant lui aussi à l'examiner. « Cependant, voyons! Si, il y a un léger changement, je dirais une amélioration dans la facture, mais non dans la ressemblance. Il y a une expression plus vivante, comme si une brillante pensée étincelait dans le regard et allait être exprimée par les lèvres. Maintenant que je remarque cette expression, je la vois très nettement. »

Tandis qu'il faisait ces observations, Elinor se tourna vers le peintre. Elle le regarda avec peine et avec effroi, et sentit qu'il lui rendait sympathie et commisération, bien qu'elle n'eût su dire pourquoi.

« Cette expression! » murmura-t-elle en tremblant, « comment est-elle venue là ? »

« Madame », dit le peintre d'un ton triste, lui prenant la main et la menant à l'écart, « dans ces deux tableaux, j'ai peint ce que j'ai vu. L'artiste, le

must look beneath the exterior. It is his gift — his proudest but often a melancholy one — to see the inmost soul, and by a power indefinable even to himself to make it glow or darken upon the canvas, in glances that express the thought and sentiment of years. Would that I might convince myself of error in the present instance! "

They had now approached the table, on which were heads in chalk, hands almost as expressive as ordinary faces, ivied church-towers, thatched cottages, old thunderstricken trees, oriental and antique costume, and all such picturesque vagaries of an artist's idle moments. Turning them over, with seeming carelessness, a crayon sketch of two figures was disclosed.

" If I have failed, " continued he, " if your heart does not see itself reflected in your own portrait, if you have no secret cause to trust my delineation of the other, it is not yet too late to alter them. I might change the action of these figures too. But would it influence the event? "

He directed her notice to the sketch. A thrill ran through Elinor's frame; a shriek was upon her lips; but she stifled it, with the self-command that becomes habitual to all, who hide thoughts of fear and anguish within their bosoms. Turning from the table, she perceived that Walter had advanced near enough to have seen the sketch, though she could not determine whether it had caught his eye.

" We will not have the pictures altered, " said she, hastily. " If mine is sad, I shall but look the gayer for the contrast."

" Be it so, " answered the painter, bowing. " May your griefs be such fanciful ones, that only your picture may mourn for them! For your joys, — may they

véritable artiste, pénètre au-delà des traits extérieurs. Il a le don, splendide, mais souvent très triste, de découvrir le fond de l'âme et, par un pouvoir inexplicable même à lui, de le faire apparaître en teintes éclatantes ou sombres sur la toile, en regards qui portent la marque de sentiments et de pensées implantés depuis des années. Puissé-je m'être trompé dans le cas présent! »

Elle et lui s'étaient approchés de la table, sur laquelle se trouvaient pêle-mêle des têtes à la craie, des mains presque aussi expressives que des figures, des clochers recouverts de lierre, des maisons aux toits de chaume, de vieux arbres tordus par la foudre, des costumes orientaux et antiques, toutes les fantaisies pittoresques dont un artiste occupe ses moments vides. Déplaçant ces feuilles avec une apparente insouciance, le peintre dégagea une esquisse au crayon de deux personnages.

« Si je n'ai pas rencontré juste », continua-t-il, « si votre cœur ne se voit pas réfléchi dans votre portrait, s'il n'y a pas au-dedans de vous quelque secrète raison de croire exacte mon interprétation des traits de votre fiancé, il n'est pas trop tard pour retoucher les deux tableaux. Je pourrais aussi changer l'action des deux personnages sur le dessin que voici. Mais le résultat final serait-il différent ? »

Il attira l'attention d'Elinor sur le dessin. Un frisson ébranla tout son être; un cri monta à ses lèvres; mais elle l'étouffa avec la maîtrise de soi qu'acquièrent ceux qui cachent des pensées de crainte et d'angoisse sous des dehors impassibles. Se détournant de la table, elle vit Walter s'avancer assez près pour qu'il fût possible qu'il ait vu le dessin; mais elle n'était pas sûre que son regard s'y fût arrêté.

« Non », se hâta-t-elle de décider, « nous ne vous demanderons pas de changer les tableaux. Si le mien est triste, je n'en paraîtrai que plus gaie par contraste. »

« Très bien », répondit le peintre, s'inclinant. « Puissent vos chagrins n'être que le fait de l'imagination, et votre portrait seul en porter l'empreinte! A vous

be true and deep, and paint themselves upon this lovely face till it quite belie my art! "

After the marriage of Walter and Elinor, the pictures formed the two most splendid ornaments of their abode. They hung side by side, separated by a narrow pannel, appearing to eye each other constantly, yet always returning the gaze of the spectator. Travelled gentlemen, who professed a knowledge of such subjects, reckoned these among the most admirable specimens of modern portraiture; while common observers compared them with the originals, feature by feature, and were rapturous in praise of the likeness. But it was on a third class — neither travelled connoisseurs nor common observers, but people of natural sensibility — that the pictures wrought their strongest effect. Such persons might gaze carelessly at first, but, becoming interested, would return day after day, and study these painted faces like the pages of a mystic volume. Walter Ludlow's portrait attracted their earliest notice. In the absence of himself and his bride, they sometimes disputed as to the expression which the painter had intended to throw upon the features; all agreeing that there was a look of earnest import, though no two explained it alike. There was less diversity of opinion in regard to Elinor's picture. They differed, indeed, in their attempts to estimate the nature and depth of the gloom that dwelt upon her face, but agreed that it was gloom, and alien from the natural temperament of their youthful friend. A certain fanciful person announced, as the result of much scrutiny, that both these pictures were parts of one design, and that the melancholy strength of feeling, in Elinor's coutenance, bore reference to the more vivid emotion, or, as he termed it, the wild passion, in that of Walter. Though unskilled in the art, he even began a sketch, in which the action of the two figures was to correspond with their mutual expression.

les joies! Je souhaite qu'elles soient réelles et profondes et se peignent sur votre joli visage au point de démentir mon art. »

Après le mariage de Walter et d'Elinor, les tableaux formèrent le plus bel ornement de leur demeure. On les plaça l'un à côté de l'autre, séparés par un panneau, semblant se regarder l'un l'autre, sans cesser cependant de répondre aux regards des spectateurs. Des connaisseurs, qui avaient voyagé, les rangèrent parmi les plus beaux specimens de la peinture moderne. Les observateurs ordinaires, les comparant trait pour trait avec les originaux, s'extasiaient sur l'exactitude de la ressemblance. Mais c'est sur un troisième groupe, n'appartenant ni aux connaisseurs ni aux observateurs ordinaires, mais d'une fine sensibilité naturelle, que les portraits produisaient leur plus grand effet. Ces personnes pouvaient ne les regarder d'abord que superficiellement, mais, s'y intéressant de plus en plus, revenaient jour après jour étudier ces physionomies figurées comme les pages d'un volume mystique. Le portrait de Walter Ludlow, le premier, attirait leur attention. En l'absence du jeune gentilhomme et de sa femme, ils discutaient parfois l'expression que le peintre avait voulu y marquer; ils s'accordaient à y voir un air d'intense gravité, mais ne l'expliquaient jamais de la même façon. Il y avait moins de diversité d'opinion concernant le portrait d'Elinor. Ils différaient, il est vrai, dans leurs tentatives de définir la nature et la profondeur de la tristesse qui assombrissait ses traits, mais ils convenaient que c'était bien de la tristesse, et très éloignée du tempérament naturel de leur jeune amie. Un excentrique annonça, après une longue étude, que les deux portraits faisaient partie d'un seul dessin, et que l'impressionnante mélancolie du visage d'Elinor se rapportait à l'émotion plus vive, ou, comme il disait, à l'exaltation farouche, visible sur le visage de Walter. Bien que peu habile à manier le crayon, il essaya même une esquisse dans laquelle l'action des deux personnages correspondait à leur mutuelle expression.

It was whispered among friends, that, day by bay, Elinor's face was assuming a deeper shade of pensiveness, which threatened soon to render her too true a counterpart of her melancholy picture. Walter, on the other hand, instead of acquiring the vivid look which the painter had given him on the canvas, became reserved and downcast, with no outward flashes of emotion, however it might be smouldering within. In course of time, Elinor hung a gorgeous curtain of purple silk, wrought with flowers, and fringed with heavy golden tassels, before the pictures, under pretence that the dust would tarnish their hues, or the light dim them. It was enough. Her visitors felt, that the massive folds of the silk must never be withdrawn, nor the portraits mentioned in her presence.

Time wore on; and the painter came again. He had been far enough to the north to see the silver cascade of the Crystal Hills, and to look over the vast round of cloud and forest, from the summit of New England's loftiest mountain. But he did not profane that scene by the mockery of his art. He had also lain in a canoe on the bosom of Lake George, making his soul the mirror of its loveliness and grandeur, till not a picture in the Vatican was more vivid than this recollection. He had gone with the Indian hunters to Niagara, and there, again, had flung his hopeless pencil down the precipice, feeling that he could as soon paint the roar, as aught else that goes to make up the wondrous cataract. In truth, it was seldom his impulse to copy natural scenery, except as a frame-work for the delineations of the human form and face, instinct with thought, passion, or suffering. With store of such, his adventurous ramble had enriched him; the stern dignity of Indian chiefs; the dusky loveliness of Indian girls; the domestic life of wigwams; the stealthy march; the battle beneath gloomy pinetrees; the frontier fortress with its garrison; the anomaly of the

On murmurait que, de jour en jour, le visage vivant de la jeune femme prenait une teinte plus sombre et plus pensive, qui menaçait de faire d'elle bientôt la réplique trop exacte de son mélancolique portrait. Walter, d'autre part, au lieu d'acquérir l'air animé que lui avait prêté le peintre, devenait réservé et abattu, sans aucun signe extérieur d'émotion, quelle que fût l'agitation qui couvât en lui. Au bout d'un certain temps, Elinor suspendit un rideau de soie pourpre, brodé de fleurs et frangé de lourds glands d'or, devant les tableaux, sous prétexte que la poussière ternirait les couleurs ou que la lumière les ferait passer. Cela suffit pour faire comprendre aux visiteurs que les plis massifs du rideau ne seraient plus jamais tirés et que les portraits ne devaient plus être mentionnés en sa présence.

Le temps passa. Le peintre revint de son voyage. Il était allé voir au Nord la cascade d'argent des Collines de Cristal et contempler le vaste cirque de nuages et de forêts du haut du sommet le plus élevé de la Nouvelle-Angleterre. Mais il n'avait pas profané le paysage en essayant de le reproduire. Il s'était laissé flotter en pirogue sur le Lac Georges, faisant de son âme le miroir de cette nappe, tantôt gracieuse, tantôt sublime, et rapportant dans son souvenir un tableau que ne pouvait égaler aucun de ceux du Vatican. Il s'était fait accompagner par des chasseurs indiens jusqu'au Niagara, et là avait jeté dans l'abîme son pinceau impuissant, sentant qu'il pourrait aussi bien essayer de peindre le mugissement de la cataracte, que tout autre trait qui compose cette merveille. A vrai dire, il se sentait rarement tenté de reproduire les spectacles naturels, si ce n'est comme cadre de la forme et de la face humaines, pénétrées de pensée, de passion ou de souffrance. Ses courses aventureuses l'avaient enrichi de matériaux de cette sorte : la dignité austère des chefs indiens; la beauté sombre des jeunes Indiennes; les scènes d'intérieur des wigwams [1]; la marche silen-

1. Tentes indiennes.

old French partisan, bred in courts, but grown gray in shaggy deserts; such were the scenes and portraits that he had sketched. The glow of perilous moments; flashes of wild feeling; struggles of fierce power — love, hate, grief, frenzy — in a word, all the worn-out heart of the old earth had been revealed to him under a new form. His portfolio was filled with graphic illustrations of the volume of his memory, which genius would transmute into its own substance, and imbue with immortality. He felt that the deep wisdom in his art, which he had sought so far, was found.

But, amid stern or lovely nature, in the perils of the forest, or its overwhelming peacefulness, still there had been two phantoms, the companions of his way. Like all other men around whom an engrossing purpose wreathes itself, he was insulated from the mass of human kind. He had no aim, — no pleasure, — no sympathies, — but what were ultimately connected with his art. Though gentle in manner, and upright in intent and action, he did not possess kindly feelings; his heart was cold; no living creature could be brought near enough to keep him warm. For these two beings, however, he had felt, in its greatest intensity, the sort of interest which always allied him to the subjects of his pencil. He had pried into their souls with his keenest insight, and pictured the result upon their features, with his utmost skill, so as barely to fall short of that standard which no genius ever reached, his own severe conception. He had caught from the duskiness of the future — at least, so he fancied — a fearful secret, and had obscurely revealed it on the portraits. So much of himself — of his imagination and all other powers — had been lavished on the study of Walter and Elinor, that he almost regarded them as creations of his own, like the thousands with which he had peopled the realms of Picture. The-

cieuse et sournoise; la bataille sous les frondaisons épaisses des pins; les fortins de la frontière et leur garnison; l'anomalie des chefs de guerre français, élevés à la cour, blanchis dans les déserts broussailleux; tels étaient les spectacles et les modèles qu'il avait peints. La splendeur des moments périlleux, les éclairs de passion farouche, les luttes de l'ambition déchaînée, l'amour, la haine, la douleur, la frénésie, en un mot tout ce que porte le sein usé de l'antique terre, lui avait été révélé sous une forme nouvelle. Ses cartons étaient remplis d'études correspondant à ses nombreux souvenirs, auxquels son génie donnerait la vie et conférerait l'immortalité. Il sentait que l'inspiration, qu'il était venu chercher si loin, il l'avait trouvée.

Mais, au milieu de la nature sévère ou charmante, dans les périls de la forêt ou dans sa paix accablante, il y avait toujours avec lui deux fantômes, compagnons de sa route. Comme tous les hommes dont l'esprit est hanté d'un dessein dominateur, il était isolé du reste de l'humanité. Il n'avait aucun but, aucun plaisir, aucune sympathie, qui ne fussent par quelque côté en rapport avec son art. Bien que courtois dans ses manières, droit dans ses intentions et ses actes, il n'avait pas de sentiments affectueux; son cœur était froid; aucune créature vivante ne pouvait l'approcher d'assez près pour le réchauffer. A l'égard de ces deux êtres, cependant, il avait éprouvé, dans sa plus grande intensité, l'intérêt qu'excitaient toujours en lui, à quelque degré, ses modèles. Il avait scruté leurs âmes de son regard le plus pénétrant et fixé dans leurs traits le résultat de cette divination, d'un suprême effort, qui s'était presque élevé à la perfection que le génie ne peut atteindre, bien que son génie exigeant l'eût conçu. Il avait arraché aux ténèbres de l'avenir, à ce qu'il croyait du moins, un terrible secret, et l'avait obscurément révélé dans les portraits. Dans cette étude de Walter et d'Elinor, il avait prodigué tant de lui-même, mis tant de son imagination et de toutes ses facultés, qu'il considérait ces deux figures comme ses

refore did they flit through the twilight of the woods, hover on the mist of waterfalls, look forth from the mirror of the lake, nor melt away in the noontide sun. They haunted his pictorial fancy, not as mockeries of life, nor pale goblins of the dead, but in the guise of portraits, each with the unalterable expression which his magic had evoked from the caverns of the soul. He could not recross the Atlantic, till he had again beheld the originals of those airy pictures.

" Oh, glorious Art! " thus mused the enthusiastic painter, as he trod the street. " Thou art the image of the Creator's own. The innumerable forms, that wander in nothingness, start into being at thy beck. The dead live again. Thou recallest them to their old scenes, and givest their gray shadows the lustre of a better life, at once earthly and immortal. Thou snatchest back the fleeting moments of History. With thee, there is no Past; for, at thy touch, all that is great becomes forever present; and illustrious men live through long ages, in the visible performance of the very deeds which made them what they are. Oh, potent Art! as thou bringest the faintly revealed Past to stand in that narrow strip of sunlight, which we call Now, canst thou summon the shrouded Future to meet her there? Have I not achieved it! Am I not thy Prophet? "

Thus, with a proud, yet melancholy fervor, did he almost cry aloud, as he passed through the toilsome street, among people that knew not of his reveries, nor could understand nor care for them. It is not good for man to cherish a solitary ambition. Unless there be those around him, by whose example he may regulate himself, his thoughts, desires, and hopes will become extravagant, and he the semblance, perhaps the reality, of a madman. Reading other bosoms,

créations, au même titre que les centaines de figures originales dont il avait peuplé le domaine de la peinture. Aussi ces deux figures flottaient-elles dans le crépuscule des bois, planaient-elles dans le brouillard des cascades, se réfléchissaient-elles dans le miroir du lac, sans se dissiper au plein soleil de midi. Elles hantaient son imagination de peintre, non pas comme d'impalpables images ou de pâles fantômes, mais sous la forme de portraits, chacune avec l'expression inaltérable que la magie de son art avait fait surgir des retraites de l'âme. Il ne pouvait pas retraverser l'Atlantique avant d'avoir de nouveau contemplé les originaux de ces peintures spiritualisées.

« Art glorieux! » pensait le peintre enthousiaste, en cheminant dans la rue. « Tu es l'image de la puissance même du Créateur. A un signe de toi, les formes innombrables qui flottent dans le néant jaillissent à l'être. Les morts ressuscitent. Tu les rappelles aux lieux où ils ont vécu et donnes à leurs fantômes indistincts l'éclat d'une vie meilleure, à la fois terrestre et immortelle. Tu ramènes au jour les moments évanouis de l'histoire. Grâce à toi, il n'y a pas de passé; car, à ton toucher, tout ce qui est grand redevient impérissablement présent. Les hommes illustres revivent pour des siècles, accomplissant de façon visible les actions mêmes qui les ont faits ce qu'ils sont. Art puissant! toi qui dresses le passé évanescent dans cette étroite tache de soleil que nous nommons Maintenant, peux-tu sommer l'avenir de sortir de son linceul pour rencontrer le présent ? N'cst-ce pas ce que j'ai fait ? Ne suis-je pas ton prophète ? »

Dans sa ferveur et sa fierté, non sans tristesse, il parlait presque tout haut, s'avançant dans les rues encombrées, parmi des gens qui ignoraient ses rêveries, ne pouvaient les comprendre ni s'y intéresser. Il n'est pas bon pour l'homme de caresser une ambition solitaire. S'il n'y a autour de lui aucun de ses semblables sur lesquels il puisse se régler, ses pensées, ses désirs, ses espérances courent le risque de devenir extravagants et lui de ressembler à un fou...

with an acuteness almost preternatural, the painter failed to see the disorder of his own.

" And this should be the house, " said he, looking up and down the front, before he knocked. " Heaven help my brains! That picture! Methinks it will never vanish. Whether I look at the windows or the door, there it is framed within them, painted strongly, and glowing in the richest tints — the faces of the portraits — the figures and action of the sketch! "

He knocked.

" The Portraits! Are they within? " inquired he, of the domestic; then recollecting himself, — " your master and mistress! Are they at home? "

" They are, sir, " said the servant, adding, as he noticed that picturesque aspect of which the painter could never divest himself, " and the Portraits too! "

The guest was admitted into a parlor, communicating by a central door with an interior room of the same size. As the first apartment was empty, he passed to the entrance of the second, within which his eyes were greeted by those living personages, as well as their pictured representatives, who had long been the object of so singular an interest. He involuntarily paused on the threshold.

They had not perceived his approach. Walter and Elinor were standing before the portraits, whence the former had just flung back the rich and voluminous folds of the silken curtain, holding its golden tassel with one hand, while the other grasped that of his bride. The pictures, concealed for months, gleamed forth again in undiminished splendor, appearing to throw a sombre light across the room, rather than to be disclosed by a borrowed radiance. That of Elinor had been almost prophetic. A pensiveness, and next a gentle sorrow, had successively dwelt upon her countenance, deepening, with the lapse of time, into a quiet anguish. A mixture of affright would now have made it the very expression of the portrait. Walter's face

peut-être de le devenir. Lisant dans l'âme des autres avec une pénétration presque surnaturelle, le peintre ne voyait pas le désordre dans son âme à lui.

« Ce doit être la maison », se dit-il, examinant la façade avant de frapper. « Dieu me vienne en aide! Ces tableaux! Il me semble qu'ils ne s'effaceront jamais. Que je regarde les fenêtres ou la porte, je vois encadrées là, peintes en vives couleurs, en relief saillant, les figures des portraits... et les formes et l'action de l'esquisse au crayon! »

Il frappa.

« Les portraits! Sont-ils ici ? » demanda-t-il au domestique; puis se reprenant : « Votre maître et votre maîtresse! Sont-ils à la maison ? »

« Oui, monsieur », dit le domestique; puis, remarquant l'air particulier qui ne pouvait manquer de faire reconnaître le peintre, il ajouta : « Et les portraits aussi! »

Le visiteur fut introduit dans le salon, qui communiquait par une baie centrale avec une pièce intérieure de même grandeur. Comme il n'y avait personne dans le salon, il s'avança jusqu'à la baie et aperçut dans l'autre pièce les deux personnages en même temps que leurs images figurées, qui étaient depuis si longtemps l'objet de son très vif intérêt. Il s'arrêta involontairement sur le seuil.

Les deux personnages n'avaient pas remarqué sa présence. Walter et Elinor étaient debout devant les portraits, dont le mari venait de tirer le voile aux plis lourds et somptueux, tenant d'une main le gland d'or et de l'autre la main de sa jeune femme. Les tableaux, qui avaient été cachés pendant des mois, brillaient de nouveau de toute leur splendeur, semblant jeter dans la pièce une lumière sombre, plutôt que luire de la lumière du dehors. La physionomie prêtée à Elinor avait été quasi prophétique. Son visage se recouvrit soudain d'une expression pensive, puis d'une peine atténuée, puis, en quelques minutes, d'une angoisse contenue. S'il s'y était mêlé une touche d'effroi, le visage aurait été la réplique exacte du portrait. Le

was moody and dull, or animated only by fitful flashes, which left a heavier darkness for their momentary illumination. He looked from Elinor to her portrait, and thence to his own, in the contemplation of which he finally stood absorbed.

The painter seemed to hear the step of Destiny approaching behind him, on its progress towards its victims. A strange thought darted into his mind. Was not his own the form in which that Destiny had embodied itself, and he a chief agent of the coming evil which he had foreshadowed?

Still, Walter remained silent before the picture, communing with it, as with his own heart, and abandoning himself to the spell of evil influence, that the painter had cast upon the features. Gradually his eyes kindled; while as Elinor watched the increasing wildness of his face, her own assumed a look of terror; and when at last he turned upon her, the resemblance of both to their portraits was complete.

" Our fate is upon us! " howled Walter. " Die! "

Drawing a knife, he sustained her, as she was sinking to the ground, and aimed it at her bosom. In the action and in the look and attitude of each, the painter beheld the figures of his sketch. The picture, with all its tremendous coloring, was finished.

" Hold, madman! " cried he, sternly.

He had advanced from the door, and interposed himself between the wretched beings, with the same sense of power to regulate their destiny, as to alter a scene upon the canvas. He stood like a magician, controlling the phantoms which he had evoked.

" What! " muttered Walter Ludlow, as he relapsed from fierce excitement into silent gloom. " Does Fate impede its own decree ? "

" Wretched lady! " said the painter. " Did I not warn you? "

" You did," replied Elinor, calmly, as her terror

visage de Walter portait un air maussade, traversé de rapides éclairs qui, après l'avoir éclairé un moment, y laissaient une teinte plus sombre. Il portait ses regards d'Elinor au portrait de celle-ci, puis au sien, devant lequel il s'absorba enfin avec fixité.

Le peintre sembla entendre derrière lui les pas du Destin s'avançant vers ses victimes. Une pensée étrange lui traversa l'esprit. La forme que le Destin avait prise n'était-elle pas son œuvre, et lui n'était-il pas l'agent principal du malheur qu'il avait préfiguré ?

Cependant, Walter restait silencieux devant son portrait, laissant son être s'identifier à lui, s'abandonnant au charme dangereux de l'influence funeste que le peintre avait répandue sur ses traits. Peu à peu ses yeux s'allumèrent; Elinor, voyant le visage de son mari devenir de plus en plus farouche, manifesta des signes de terreur. Quand enfin il se tourna brusquement vers elle, la ressemblance de l'un et de l'autre avec leurs portraits était devenue complète.

« L'heure du Destin a sonné! » hurla Walter. « Meurs! »

Tirant un poignard, il la saisit, au moment où elle s'affaissait, et en dirigea la pointe vers son sein. Dans le regard, l'attitude et l'action de l'un et de l'autre, le peintre reconnut les personnages et le mouvement de son esquisse. Le tableau, dans toute sa splendeur terrifiante, était achevé.

« Arrête, insensé! » s'écria-t-il d'une voix impérieuse.

Il s'était avancé et s'interposait entre les deux malheureux, avec le même pouvoir de décider de leur destinée que de modifier une scène sur la toile. Il était là, comme un magicien, dominant les fantômes qu'il avait évoqués.

« Quoi! » balbutia Walter Ludlow, retombant de sa furie meurtrière à l'immobilité morne. « Le Destin interdit-il l'exécution de son propre décret ? »

« Pauvre femme! » dit le peintre. « Ne vous avais-je pas avertie ? »

« Oui », répliqua Elinor retrouvant son calme, son

gave place to the quiet grief which it had disturbed. " But — I loved him! "

Is there not a deep moral in the tale? Could the result of one, or all our deeds, be shadowed forth and set before us, — some would call it Fate, and hurry onward, others be swept along by their passionate desires, — and none be turned aside by the *Prophetic Pictures*.

effroi le cédant de nouveau à la douleur contenue à laquelle il s'était substitué. « Mais je l'aimais! »

N'y a-t-il pas, dans ce conte, une morale profonde ? S'il était possible de préfigurer et de faire apparaître à nos yeux les conséquences d'un de nos actes, ou de tous nos actes, les uns diraient : c'est le Destin, et iraient de l'avant, d'autres seraient emportés par leurs désirs passionnés, aucun ne serait détourné par les *Peintures Prophétiques*.

THE LILY'S QUEST

An Apologue

Two lovers once upon a time had planned a little summer-house in the form of an antique temple which it was their purpose to consecrate to all manner of refined and innocent enjoyments. There they would hold pleasant intercourse with one another, and the circle of their familiar friends; there they would give festivals of delicious fruit; there they would hear lightsome music intermingled with the strains of pathos which make joy more sweet; there they would read poetry and fiction, and permit their own minds to flit away in day-dreams and romance; there, in short — for why should we shape out the vague sunshine of their hopes? — there all pure delights were to cluster like roses among the pillars of the edifice, and blossom ever new and spontaneously.

So one breezy and cloudless afternoon Adam Forrester and Lilias Fay set out upon a ramble over the wide estate which they were to possess together, seeking a proper site for their temple of happiness. They were themselves a fair and happy spectacle, fit priest and priestess for such a shrine, although, making poetry of the pretty name of Lilias, Adam Forrester was wont to call her " Lily, " because her form was as fragile and her cheek almost as pale. As they passed hand in hand down the avenue of drooping elms that led from

LA QUÊTE DU LYS [1]

Apologue

Il y avait une fois deux amoureux qui avaient projeté de construire une petite maison d'été en forme de temple antique, destiné à abriter toutes les joies délicates et pures. Là ils jouiraient de la société l'un de l'autre et de celle de leurs amis intimes; là ils donneraient des festins de fruits délicieux; là ils écouteraient de la musique légère, mêlée d'accents émouvants qui rendent la joie plus douce; là ils liraient de la poésie et des œuvres d'imagination, qui permettraient à leur esprit de s'envoler en des rêves éveillés et des visions d'un monde plus beau; là, en un mot (car pourquoi tracer avec trop de précision les contours vagues de leurs espérances ?) tous les délices innocents se rassembleraient comme des roses le long des piliers de l'édifice, et, toujours renouvelés, s'épanouiraient spontanément.

Donc, par un après-midi sans nuages, rafraîchi par la brise, Adam Forrester et Lilias Fay partirent à l'aventure sur le vaste domaine dont ils allaient ensemble devenir possesseurs, dans le dessein de chercher un emplacement approprié pour leur temple du bonheur. Ils formaient un beau couple, agréable à voir, dignes prêtre et prêtresse du futur sanctuaire, bien que, poétisant le joli nom de Lilias, Adam Forrester eût surnommé la jeune fille « Lys », en raison de sa forme fragile et de ses joues pâles. Comme ils passaient, la

1. Publié dans les *Twice Told Tales*, en 1837.

the portal of Lilias Fay's paternal mansion, they seemed to glance like winged creatures through the strips of sunshine, and to scatter brightness where the deep shadows fell.

But, setting forth at the same time with this youthful pair, there was a dismal figure wrapped in a black velvet cloak that might have been made of a coffin-pall, and with a sombre hat such as mourners wear drooping its broad brim over his heavy brows. Glancing behind them, the lovers well knew who it was that followed, but wished from their hearts that he had been elsewhere, as being a companion so strangely unsuited to their joyous errand. It was a near relative of Lilias Fay, an old man by the name of Walter Gascoigne, who had long labored under the burden of a melancholy spirit which was sometimes maddened into absolute insanity, and always had a tinge of it. What a contrast between the young pilgrims of bliss and their unbidden associate! They looked as if moulded of heaven's sunshine, and he of earth's gloomiest shade; they flitted along like Hope and Joy roaming hand in hand through life, while his darksome figure stalked behind, a type of all the woeful influences which life could fling upon them.

But the three had not gone far when they reached a spot that pleased the gentle Lily, and she paused.

" What sweeter place shall we find than this? " said she. " Why should we seek farther for the site of our temple? "

It was indeed a delightful spot of earth, though undistinguished by any very prominent beauties, being merely a nook in the shelter of a hill, with the prospect of a distant lake in one direction, and of a church-spire in another. There were vistas and pathways leading onward and onward into the green woodlands and vanishing away in the glimmering shade. The temple,

main dans la main, dans l'avenue d'ormes au feuillage lourd, qui partait du porche de la demeure paternelle de Lilias Fay, ils semblaient scintiller comme des créatures ailées dans les taches de soleil, et répandre la lumière là où tombaient les ombres épaisses.

Mais, se mettant en route en même temps que le couple juvénile, une forme sombre les suivit, drapée dans un manteau de velours noir qu'on aurait pu prendre pour un drap mortuaire et coiffée d'un chapeau tel qu'on en porte aux funérailles, dont les larges bords retombaient sur ses sourcils épais. Les amoureux, se retournant, reconnurent celui qui leur emboîtait le pas, désirant au fond de leur cœur ne pas avoir la compagnie de cet intrus, si peu approprié à leur joyeuse randonnée. C'était un parent proche de Lilias Fay, homme âgé, du nom de Walter Gascoigne, depuis longtemps accablé d'une tristesse qui s'exaspérait parfois en aliénation mentale, et portait toujours la teinte d'une certaine déraison. Quel contraste entre nos jeunes pèlerins du bonheur et cet associé importun! Ils semblaient illuminés des plus clairs rayons du ciel; lui, assombri par les ombres les plus lugubres de la terre. Ils voltigeaient comme l'Espoir et la Joie traversant la vie la main dans la main; lui, morne silhouette, les serrait de près, symbole de toutes les influences funestes que la vie pouvait répandre sur eux.

Les trois voyageurs s'étaient à peine engagés sur leur chemin qu'ils atteignirent un endroit dont le charme plut à la douce Lys. Ils s'arrêtèrent.

« Quel lieu plus agréable pourrons-nous trouver ? » dit-elle. « Pourquoi chercher plus loin l'emplacement de notre temple ? »

C'était en effet un asile délicieux, sans beauté exceptionnelle, coin abrité au pied d'une colline, avec, d'un côté la vue d'un lac, et de l'autre celle d'un clocher d'église. Il y avait de jolies perspectives et des allées conduisant loin, loin, dans des bois verdoyants et disparaissant dans l'ombre tachetée de soleil. Le temple, s'ils l'élevaient là, ferait face à l'ouest. Les

if erected here, would look toward the west; so that the lovers could shape all sorts of magnificent dreams out of the purple, violet and gold of the sunset sky, and few of their anticipated pleasures were dearer than this sport of fantasy.

" Yes, " said Adam Forrester; " we might seek all day and find no lovelier spot. We will build our temple here. "

But their sad old companion, who had taken his stand on the very site which they proposed to cover with a marble floor, shook his head and frowned, and the young man and the Lily deemed it almost enough to blight the spot and desecrate it for their airy temple that his dismal figure had thrown its shadow there. He pointed to some scattered stones, the remnants of a former structure, and to flowers such as young girls delight to nurse in their gardens, but which had now relapsed into the wild simplicity of nature.

" Not here, " cried old Walter Gascoigne. " Here, long ago, other mortals built their temple of happiness; seek another site for yours. "

" What! " exclaimed Lilias Fay. " Have any ever planned such a temple save ourselves? "

" Poor child! " said her gloomy kinsman. " In one shape or other every mortal has dreamed your dream. " Then he told the lovers, how — not, indeed, an antique temple, but a dwelling — had once stood there, and that a dark-clad guest had dwelt among its inmates, sitting forever at the fireside, and poisoning all their household mirth.

Under this type Adam Forrester and Lilias saw that the old man spoke of sorrow. He told of nothing that might not be recorded in the history of almost every household, and yet his hearers felt as if no sunshine ought to fall upon a spot where human grief had left so deep a stain — or, at least, that no joyous temple should be built there.

" This is very sad, " said the Lily, sighing.

amoureux pourraient évoquer mille formes de rêve dans la pourpre, le violet et l'or du couchant; aucun des plaisirs qu'ils caressaient dans leur cœur ne leur était plus cher que ces douces visions.

« Oui », dit Adam, « nous pourrions chercher toute la journée et ne rien trouver de plus joli. Construisons notre temple ici. »

Mais le vieillard maussade, se postant sur le lieu même qu'ils se proposaient de couvrir d'un dallage de marbre, secoua la tête et fronça les sourcils. Le jeune homme et Lys eurent le sentiment que le paysage était souillé et leur projet de temple profané par cet être disgracieux projetant là son ombre. Il montra du doigt des pierres éparses, restes d'une ancienne construction, et des fleurs comme celles dont les jeunes filles aiment à orner leur jardin, mais qui étaient retournées à la sauvage simplicité de la nature.

« Non, pas ici », s'écria le vieux Walter Gascoigne. « Ici, il y a longtemps, d'autres mortels ont bâti leur temple du bonheur; cherchez ailleurs. »

« Quoi! » s'écria Lilias Fay. « D'autres que nous ont-ils jamais projeté pareil temple ? »

« Ma pauvre enfant! » répondit le morne personnage, « sous une forme ou sous une autre, tout mortel a rêvé votre rêve. » Il raconta alors aux amoureux qu'une construction — non pas un temple antique, mais une demeure — s'élevait là autrefois, et qu'un hôte en vêtements de deuil s'y était installé avec les habitants, restant toujours assis au coin de l'âtre et empoisonnant toutes leurs joies.

Sous cette description figurée, Adam et Lilias comprirent que le vieillard parlait de la douleur. Il ne dit rien qui ne puisse s'inscrire dans l'histoire de presque tous les foyers; cependant les jeunes gens sentirent qu'aucun rayon de soleil ne devait tomber là où la douleur humaine avait laissé une marque aussi profonde, que du moins aucun temple de la joie ne devait y être construit.

« C'est très triste », dit Lys, avec un soupir.

" Well, there are lovelier spots than this, " said Adam Forrester, soothingly — " spots which sorrow has not blighted. "

So they hastened away, and the melancholy Gascoigne followed them, looking as if he had gathered up all the gloom of the deserted spot and was bearing it as a burden of inestimable treasure. But still they rambled on, and soon found themselves in a rocky dell through the midst of which ran a streamlet with ripple and foam and a continual voice of inarticulate joy. It was a wild retreat walled on either side with gray precipices which would have frowned somewhat too sternly had not a profusion of green shrubbery rooted itself into their crevices and wreathed gladsome foliage around their solemn brows. But the chief joy of the dell was in the little stream which seemed like the presence of a blissful child with nothing earthly to do save to babble merrily and disport itself, and make every living soul its playfellow, and throw the sunny gleams of its spirit upon all.

" Here, here is the spot! " cried the two lovers, with one voice, as they reached a level space on the brink of a small cascade. " This glen was made on purpose for our temple. "

" And the glad song of the brook will be always in our ear, " said Lilias Fay.

" And its long melody shall sing the bliss of our lifetime, " said Adam Forrester.

" Ye must build no temple here, " murmured their dismal companion.

And there again was the old lunatic standing just on the spot where they meant to rear their lightsome dome, and looking like the embodied symbol of some great woe that in forgotten days had happened there. And, alas! there had been woe, nor that alone. A young man more than a hundred years before had lured hither a girl that loved him, and on this spot had murdered her and washed his bloody hands in the stream

« Il y a des lieux plus jolis que celui-ci », dit Adam d'une voix réconfortante, « des lieux que la douleur n'a pas désolés. »

Ils s'éloignèrent en toute hâte, et le morne Gascoigne les suivit, semblant avoir rassemblé sur lui tout le deuil de ce lieu abandonné et le portant comme un trésor inestimable. Ils poussèrent plus loin leur course errante et se trouvèrent bientôt dans un vallon au milieu de rochers où coulait un ruisseau dont les petites vagues portaient des flocons d'écume et faisaient entendre les modulations persistantes d'un murmure joyeux. C'était une retraite sauvage, dominée des deux côtés par des falaises grises, dont l'aspect sourcilleux aurait été un peu trop austère si une profusion d'arbustes verts n'avaient pris racine dans leurs crevasses, et n'avaient tressé une couronne de gaies frondaisons autour de leur front grave. Mais la beauté du vallon, c'était le ruisseau, dont la présence ressemblait à celle d'un enfant rieur n'ayant rien d'autre à faire ici-bas que de babiller, de s'ébattre, d'associer toute créature vivante à ses jeux, et de jeter sur toutes choses le rayonnement de sa belle humeur.

« Voici, voici le lieu ! » s'écrièrent les deux amoureux, d'une seule voix, lorsqu'ils arrivèrent à un palier sur le bord d'une cascatelle. « Ce vallon est fait à point pour notre temple. »

« Et la chanson du ruisseau se fera sans cesse entendre à nos oreilles », dit Lilias Fay.

« Et sa longue mélodie célébrera le bonheur de toute notre vie », dit Adam Forrester.

« Aucun temple ne doit s'élever ici », grommela leur lugubre compagnon.

Et de nouveau le vieux fou se campa sur le lieu où ils avaient l'intention d'ériger leur dôme gracile, comme le symbole incarné de quelque terrible infortune survenue là dans des temps oubliés. Hélas! Il y avait eu là une infortune, et plus. Une centaine d'années auparavant, un jeune homme avait attiré là une jeune fille qui l'aimait, et l'y avait égorgée. Il avait lavé ses mains sanglantes dans le ruisseau qui chantait

which sang so merrily, and ever since the victim's death shrieks were often heard to echo between the cliffs.

" And see! " cried old Gascoigne; " is the stream yet pure from the stain of the murderer's hands? "

" Methinks it has a tinge of blood, " faintly answered the Lily; and, being as slight as the gossamer, she trembled and clung to her lover's arm, whispering " Let us flee from this dreadful vale. "

" Come, then, " said Adam Forrester as cheerily as he could; " we shall soon find a happier spot. "

They set forth again, young pilgrims on that quest which millions — which every child of earth — has tried in turn.

And were the Lily and her lover to be more fortunate than all those millions? For a long time it seemed not so. The dismal shape of the old lunatic still glided behind them, and for every spot that looked lovely in their eyes he had some legend of human wrong or suffering so miserably sad that his auditors could never afterward connect the idea of joy with the place where it had happened. Here a heart-broken woman kneeling to her child had been spurned from his feet; here a desolate old creature had prayed to the evil one, and had received a fiendish malignity of soul in answer to her prayer; here a new-born infant, sweet blossom of life, had been found dead with the impress of its mother's fingers round its throat; and here, under a shattered oak, two lovers had been stricken by lightning and fell blackened corpses in each other's arms. The dreary Gascoigne had a gift to know whatever evil and lamentable thing had stained the bosom of Mother Earth; and when his funereal voice had told the tale, it appeared like a prophecy of future woe as well as a tradition of the past. And now, by their sad demeanor, you would have fancied that the pilgrim-lovers were seeking, not a temple of earthly joy, but a tomb for themselves and their posterity.

si gaiement, et, depuis, on entendait des cris se répercuter d'une falaise à l'autre.

« Voyez ! » s'écria le vieux Gascoigne, « le ruisseau ne porte-t-il pas encore la souillure des mains du meurtrier ? »

« Il me semble », répondit Lys d'une voix faible, « que j'y vois une teinte de sang. » Frêle comme un fil-de-la-vierge, elle se mit à trembler et s'accrocha au bras de son fiancé, murmurant : « Fuyons cette affreuse vallée ! »

« Partons donc », dit Adam Forrester, d'un ton aussi enjoué que possible ; « nous trouverons bientôt un endroit plus accueillant. »

Ils repartirent, jeunes pèlerins, en quête de ce que des millions d'êtres humains — tous les enfants de la terre — ont poursuivi tour à tour.

Lys et son fiancé devaient-ils réussir mieux que ces millions de créatures ? Pendant longtemps il ne sembla pas qu'il en fût ainsi. La forme lugubre du vieux fou se glissait derrière eux et, à chaque endroit qui leur paraissait désirable, il associait quelque histoire de crime ou de souffrance, si déchirante que ses auditeurs ne pouvaient jamais plus concevoir aucune joie possible là où elle s'était passée. Tantôt c'était une femme en pleurs s'agenouillant devant son enfant qui la repoussait du pied. Tantôt c'était une pauvre vieille désespérée qui avait invoqué le Malin, et avait reçu en retour une âme vouée au mal ; tantôt c'était un enfant nouveau-né, tendre fleur de vie, qu'on avait trouvé mort avec la marque des doigts de sa mère sur sa gorge ; tantôt c'étaient, sous un chêne déchiqueté, deux amoureux qui avaient été frappés par la foudre — les deux cadavres noircis avaient été trouvés enlacés. L'affreux Gascoigne avait le don de connaître tous les maux et toutes les horreurs qui avaient défiguré le sein de notre mère, la Terre ; et quand sa voix sépulcrale s'était tue, on semblait avoir recueilli la prophétie des malheurs futurs aussi bien que les récits du passé. A voir la tristesse empreinte sur la physionomie des deux pèlerins amoureux, on aurait cru qu'ils cher-

" Where in this world, " exclaimed Adam Forrester, despondingly, "shall we build our temple to happiness? "

" Where in this world, indeed? " repeated Lilias Fay; and, being faint and weary — the more so by the heaviness of her heart — the Lily drooped her head and sat down on the summit of a knoll, repeating, " Where in this world shall we build our temple? "

" Ah! have you already asked yourselves that question? " said their companion, his shaded features growing even gloomier with the smile that dwelt on them. " Yet there is a place even in this world where ye may build it. "

While the old man spoke Adam Forrester and Lilias had carelessly thrown their eyes around, and perceived that the spot where they had chanced to pause, possessed a quiet charm which was well enough adapted to their present mood of mind. It was a small rise of ground with a certain regularity of shape that had perhaps been bestowed by art, and a group of trees which almost surrounded it threw their pensive shadows across and far beyond, although some softened glory of the sunshine found its way there. The ancestral mansion wherein the lovers would dwell together appeared on one side, and the ivied church where they were to worship on another. Happening to cast their eyes on the ground, they smiled, yet with a sense of wonder, to see that a pale lily was growing at their feet.

" We will build our temple here, " said they, simultaneously, and with an indescribable conviction that they had at last found the very spot.

Yet while they uttered this exclamation the young man and the Lily turned an apprehensive glance at their dreary associate, deeming it hardly possible that some tale of earthly affliction should not make those precincts loathsome, as in every former case. The

chaient, non pas le temple de la joie terrestre, mais une tombe pour eux et leur postérité.

« Trouverons-nous lieu au monde », s'écria Adam Forrester, découragé, « où élever notre temple du bonheur ? »

« Y en a-t-il un au monde ? » répéta Lilias Fay. Lasse, près de défaillir, en raison surtout du poids qui pesait sur son cœur, Lys pencha la tête et se laissa tomber sur le sommet d'un tertre, se lamentant : « Où trouverons-nous au monde un lieu pour y construire notre temple ? »

« Ah! vous vous posez cette question ? » dit leur compagnon, un sourire grimaçant se dessinant sur ses traits sombres. « Cependant, il y a un endroit où vous pourrez élever votre temple. »

Comme le vieillard prononçait ces paroles, Adam et Lilias jetèrent négligemment les yeux autour d'eux et remarquèrent que le lieu où ils se trouvaient possédait un charme tranquille, qui convenait bien à leur état d'esprit présent. C'était une petite éminence, de forme assez régulière, peut-être effet de l'art, et presque entourée d'un groupe d'arbres qui y jetaient leur ombre pensive, tempérée de rayons de soleil tamisés par le feuillage. La demeure ancestrale que les deux amoureux devaient habiter était visible dans le lointain, d'un côté, et de l'autre l'église couverte de lierre où ils devaient adorer Dieu. Se trouvant à diriger leurs regards vers le sol, ils sourirent, émerveillés de voir un lys pâle à leurs pieds.

« C'est ici que nous érigerons notre temple », dirent-ils ensemble, avec la conviction ferme qu'ils avaient enfin trouvé l'emplacement.

Cependant, en poussant cette exclamation, le jeune homme et Lys se tournèrent, pleins d'appréhension vers leur sombre associé, n'osant espérer qu'aucun cas d'affliction ne défigurerait ce lieu, au contraire de tous les autres. Le vieillard était debout derrière

old man stood just behind them, so as to form the chief figure in the group, with his sable cloak muffling the lower part of his visage and his sombre hat overshadowing his brows. But he gave no word of dissent from their purpose, and an inscrutable smile was accepted by the lovers as a token that here had been no footprint of guilt or sorrow to desecrate the site of their temple of happiness.

In a little time longer, while summer was still in its prime, the fairy-structure of the temple arose on the summit of the knoll amid the solemn shadows of the trees, yet often gladdened with bright sunshine. It was built of marble, with slender and graceful pillars supporting a vaulted dome, and beneath the centre of this dome, upon a pedestal, was a slab of dark-veined marble on which books and music might be strewn. But there was a fantasy among the people of the neighborhood that the edifice was planned after an ancient mausoleum and was intended for a tomb, and that the central slab of dark-veined marble was to be inscribed with the names of buried ones. They doubted, too, whether the form of Lilias Fay could appertain to a creature of this earth, being so very delicate and growing every day more fragile, so that she looked as if the summer breeze should snatch her up and waft her heavenward. But still she watched the daily growth of the temple, and so did old Walter Gascoigne, who now made that spot his continual haunt, leaning whole hours together on his staff, and giving as deep attention to the work as though it had been indeed a tomb. In due time it was finished, and a day appointed for a simple rite of dedication.

On the preceding evening, after Adam Forrester had taken leave of his mistress, he looked back toward the portal of her dwelling and felt a strange thrill of fear, for he imagined that as the setting sunbeams faded from her figure she was exhaling away, and that something of her ethereal substance was withdrawn with each lessening gleam of light. With his farewell glance a shadow had fallen over the portal, and Lilias

eux, formant le personnage principal du groupe, le bas du visage couvert de son manteau noir et les yeux cachés par son sombrero. Mais il n'exprima aucun dissentiment. Les deux amoureux interprétèrent son sourire énigmatique comme le signe qu'il n'y avait là aucun vestige de crime ni de douleur pour profaner l'emplacement de leur temple du bonheur.

Peu de temps après, alors que l'été était encore dans sa fleur, la structure féerique du temple s'éleva sur l'éminence à l'ombre solennelle du bosquet, égayée cependant de nombreuses éclaircies de soleil. Il était de marbre blanc, avec de frêles et gracieux piliers supportant un dôme, et, sous la coupole, sur un piédestal, une dalle de marbre veiné de noir, sur laquelle on pouvait poser des livres ou de la musique. Mais l'idée s'établit parmi les gens du voisinage que l'édifice reproduisait l'architecture d'un mausolée antique et devait servir de tombeau; sur la dalle centrale aux veines sombres devaient être inscrits les noms des défunts. Ils doutaient aussi que la forme de Lilias Fay appartînt à une créature terrestre, étant si délicate et devenant de jour en jour plus fragile, au point qu'il semblait que la brise d'été allait la saisir et l'emporter au ciel. Mais elle suivait de jour en jour les progrès de la construction, ainsi que le vieux Walter Gascoigne, qui venait régulièrement en ce lieu, s'appuyant des heures entières sur son bâton et contemplant les travaux avec attention comme si c'était en effet un tombeau. Au bout d'un temps raisonnable, tout fut achevé et un jour fut choisi pour une modeste cérémonie d'inauguration.

La veille au soir, après avoir pris congé de sa bien-aimée, Adam Forrester se retourna pour la voir entrer sous le porche de sa demeure et éprouva un étrange frisson de crainte, s'imaginant qu'aux derniers rayons du soleil couchant elle s'exhalait, et que sa substance éthérée disparaissait à mesure que s'éteignait la lumière du soir. Au regard d'adieu du jeune homme, la nuit tomba sur le portail, et Lilias devint invisible. Son âme

was invisible. His foreboding spirit deemed it an omen at the time, and so it proved; for the sweet earthly form by which the Lily had been manifested to the world was found lifeless the next morning in the temple with her head resting on her arms, which were folded upon the slab of dark-veined marble. The chill winds of the earth had long since breathed a blight into this beautiful flower; so that a loving hand had now transplanted it to blossom brightly in the garden of Paradise.

But alas for the temple of happiness! In his unutterable grief Adam Forrester had no purpose more at heart than to convert this temple of many delightful hopes into a tomb and bury his dead mistress there. And, lo! a wonder! Digging a grave beneath the temple's marble floor, the sexton found no virgin earth such as was meet to receive the maiden's dust, but an ancient sepulchre in which were treasured up the bones of generations that had died long ago. Among those forgotten ancestors was the Lily to be laid; and when the funeral procession brought Lilias thither in her coffin, they beheld old Walter Gascoigne standing beneath the dome of the temple with his cloak of pall and face of darkest gloom, and wherever that figure might take its stand the spot would seem a sepulchre. He watched the mourners as they lowered the coffin down.

"And so," said he to Adam Forrester, with the strange smile in which his insanity was wont to gleam forth, "you have found no better foundation for your happiness than on a grave?"

But as the shadow of Affliction spoke, a vision of hope and joy had its birth in Adam's mind even from the old man's taunting words, for then he knew what was betokened by the parable in which the Lily and himself had acted, and the mystery of life and death was opened to him.

"Joy! joy!" he cried, throwing his arms toward heaven. "On a grave be the site of our temple, and now our happiness is for eternity."

pleine de pressentiments prit cette vision pour un mauvais présage — non sans raison, car, le lendemain matin, on trouva la gracieuse forme terrestre, sous laquelle Lys s'était manifestée au monde, sans vie dans le temple, la tête reposant sur ses bras, qui étaient pliés sur la dalle de marbre aux veines sombres. Les vents glacials de la terre avaient depuis longtemps insufflé un germe de mort dans cette belle fleur, et la main du Dieu de bonté venait de la transplanter pour qu'elle s'épanouisse dans le jardin du paradis.

Hélas! pauvre temple du bonheur! Dans sa douleur indicible, Adam Forrester n'eut plus d'autre dessein au cœur que de convertir ce temple, où s'étaient attachées tant de belles espérances, en un tombeau et d'y ensevelir sa bien-aimée. O prodige! quand on creusa la fosse sous le dallage de marbre du temple, le fossoyeur ne trouva pas la terre vierge, qui aurait été si bien faite pour recevoir les restes de la jeune fille, mais un ancien sépulcre où s'entassaient les ossements de générations mortes depuis longtemps. C'est parmi ces ancêtres oubliés qu'on allait déposer le corps de Lys. Quand le cortège funèbre arriva, on vit le vieux Walter Gascoigne, debout sous le dôme du temple, avec son manteau de deuil et son visage de ténèbres. Partout où se dressait cet être, le lieu ne pouvait ressembler qu'à un sépulcre. Il contempla les croque-morts descendre le cercueil.

« Ainsi », dit-il à Adam Forrester, avec l'étrange sourire en lequel s'exprimait sa folie, « vous n'avez pas trouvé de meilleures fondations pour votre bonheur qu'un tombeau. »

Mais, tandis que parlait le fantôme de l'Affliction, une vision d'espérance et de joie naquit en l'âme d'Adam des paroles mêmes du cynique vieillard; car il comprit ce que signifiait la parabole dont Lys et lui avaient été les acteurs, et pénétra le mystère de la vie et de la mort.

« Joie! joie! » s'écria-t-il, levant les bras au ciel. « Que notre temple se dresse sur une tombe! Désormais, notre bonheur est pour l'éternité. »

With those words a ray of sunshine broke through the dismal sky and glimmered down into the sepulchre, while at the same moment the shape of old Walter Gascoigne stalked drearily away, because his gloom, symbolic of all earthly sorrow, might no longer abide there, now that the darkest riddle of humanity was read.

A ces mots, un rayon de soleil perça le ciel lugubre et s'infiltra jusqu'au fond de la sépulture. Au même moment, la forme du vieux Walter Gascoigne s'éloigna lentement, accablée; son rictus sombre, symbole de la douleur terrestre, n'avait plus rien à faire là, maintenant que la plus obscure des énigmes de l'humanité était résolue.

THE BIRTH-MARK

In the latter part of the last century, there lived a man of science — an eminent proficient in every branch of natural philosophy — who, not long before our story opens, had made experience of a spiritual affinity, more attractive than any chemical one. He had left his laboratory to the care of an assistant, cleared his fine countenance from the furnace-smoke, washed the stain of acids from his fingers, and persuaded a beautiful woman to become his wife. In those days, when the comparatively recent discovery of electricity, and other kindred mysteries of nature, seemed to open paths into the region of miracle, it was not unusual for the love of science to rival the love of woman, in its depth and absorbing energy. The higher intellect, the imagination, the spirit, and even the heart, might all find their congenial aliment in pursuits which, as some of their ardent votaries believed, would ascend from one step of powerful intelligence to another, until the philosopher should lay his hand on the secret of creative force, and perhaps make new worlds for himself. We know not whether Aylmer possessed this degree of faith in man's ultimate control over nature. He had devoted himself, however, too unreservedly to scientific studies, ever to be weaned from them by any second passion. His love for his young wife might prove the stronger of the two; but it could

LA MARQUE SUR LE VISAGE [1]

A la fin du siècle dernier vivait un savant éminent, versé dans toutes les branches des sciences physiques et naturelles, qui, peu de temps avant le moment où se place notre histoire, avait fait l'expérience d'une affinité spirituelle plus attachante que toutes les affinités chimiques. Il avait laissé son laboratoire à la charge d'un assistant, fait disparaître de son visage toute trace de la fumée des fourneaux, lavé les taches d'acide qui marquaient ses doigts, et décidé une femme très belle à l'épouser. A cette époque, où la découverte relativement récente de l'électricité et d'autres mystères naturels connexes semblait ouvrir la voie à la région des miracles, il n'était pas rare que l'amour de la science se posât en rival de l'amour de la femme par son intensité et sa faculté d'envahir l'être tout entier. Il arrivait que les dons supérieurs de l'esprit, l'imagination, la flamme idéaliste et même le cœur trouvassent leur véritable aliment dans des études qui, dans la pensée des chercheurs les plus ardents, devaient s'élever de degré en degré jusqu'au sommet de la puissance intellectuelle et révéler au philosophe le secret de la force créatrice, peut-être lui permettre de faire surgir des mondes nouveaux. Nous ignorons si Aylmer était animé de cette foi visionnaire en la domination finale de l'homme sur la nature. Il s'était voué, cependant, à ses études scientifiques d'une façon

1. Publié dans *Mosses from an Old Manse*, en 1846.

only be by intertwining itself with his love of science, and uniting the strength of the latter to its own.

Such an union accordingly took place, and was attended with truly remarkable consequences, and a deeply impressive moral. One day, very soon after their marriage, Aylmer sat gazing at his wife, with a trouble in his countenance that grew stronger, until he spoke.

" Georgiana, " said he, " has it never occurred to you that the mark upon your cheek might be removed? "

" No, indeed, " said she, smiling; but perceiving the seriousness of his manner, she blushed deeply. " To tell you the truth, it has been so often called a charm, that I was simple enough to imagine it might be so. "

" Ah, upon another face, perhaps it might, " replied her husband. "But never on yours! No, dearest Georgiana, you came so nearly perfect from the hand of Nature, that the slightest possible defect — which we hesitate whether to term a defect or a beauty — shocks me, as being the visible mark of earthly imperfection. "

" Shocks you, my husband! " cried Georgiana, deeply hurt; at first reddening with momentary anger, but then bursting into tears. " Then why did you take me from my mother's side? You cannot love what shocks you!"

To explain this conversation, it must be mentioned, that, in the centre of Georgiana's left cheek, there was a singular mark, deeply interwoven, as it were, with the texture and substance of her face. In the usual state of her complexion, — a healthy, though delicate bloom, — the mark wore a tint of deeper crimson, which

trop absorbante pour s'en laisser complètement distraire par une seconde passion. Son amour pour sa jeune femme pouvait devenir le plus fort, mais à condition de s'incorporer l'amour de la science et de se renforcer de la vigueur de ce dernier.

Cette union des deux sentiments se produisit chez Aylmer, entraînant des conséquences étonnantes, d'où devait se dégager une morale bien faite pour nous impressionner. Un jour, peu de temps après le mariage, Aylmer était assis devant sa jeune femme, les yeux fixés sur elle, lorsqu'un trouble se manifesta dans sa physionomie, de minute en minute plus apparent. Il parla enfin.

« Georgiana », dit-il, « ne vous est-il jamais venu à l'idée qu'il serait possible de faire disparaître cette marque sur votre joue ? »

« Non, je vous assure », répondit-elle en souriant. Mais remarquant la gravité de son expression, une vive rougeur lui monta aux pommettes. « A vrai dire, on l'a si souvent considérée comme un charme que j'avais la simplicité de croire qu'il en était ainsi. »

« Ah! sur un autre visage, peut-être », répliqua son mari; « mais, sur le vôtre, jamais! Non, Georgiana très aimée, vous êtes sortie si parfaite des mains de la Nature, que ce minime défaut (dont nous hésitons à dire si c'est un défaut ou une beauté) me gêne, comme la marque visible de l'imperfection terrestre. »

« Vous gêne, vous mon mari! » s'écria Georgiana, blessée, rougissant d'abord d'une poussée d'irritation, puis fondant en larmes. « Alors, pourquoi m'avez-vous enlevée à ma mère ? Vous ne pouvez pas aimer ce qui vous... gêne! »

Pour expliquer cet échange de propos, il faut mentionner que Georgiana avait, au centre de la joue gauche, une marque singulière, engagée, semblait-il, dans la texture et la substance du visage. Quand elle avait son teint ordinaire, d'un rose délicat de bonne santé, la marque était d'un rouge plus foncé qui la

imperfectly defined its shape amid the surrounding rosiness. When she blushed, it gradually became more indistinct, and finally vanished amid the triumphant rush of blood, that bathed the whole cheek with its brilliant glow. But, if any shifting emotion caused her to turn pale, there was the mark again, a crimson stain upon the snow, in what Aylmer sometimes deemed an almost fearful distinctness. Its shape bore not a little similarity to the human hand, though of the smallest pigmy size. Georgiana's lovers were wont to say, that some fairy, at her birth-hour, had laid her tiny hand upon the infant's cheek, and left this impress there, in token of the magic endowments that were to give her such sway over all hearts. Many a desperate swain would have risked life for the privilege of pressing his lips to the mysterious hand. It must not be concealed, however, that the impression wrought by this fairy sign-manual varied exceedingly, according to the difference of temperament in the beholders. Some fastidious persons — but they were exclusively of her own sex — affirmed that the Bloody Hand, as they chose to call it, quite destroyed the effect of Georgiana's beauty, and rendered her countenance even hideous. But it would be as reasonable to say, that one of those small blue stains, which sometimes occur in the purest statuary marble, would convert the Eve of Powers to a monster. Masculine observers, if the birth-mark did not heighten their admiration, contented themselves with wishing it away, that the world might possess one living specimen of ideal loveliness, without the semblance of a flaw. After his marriage — for he thought little or nothing of the matter before — Aylmer discovered that this was the case with himself.

Had she been less beautiful — if Envy's self could have found aught else to sneer at — he might have felt his affection heightened by the prettiness of this mimic hand, now vaguely portrayed, now lost, now stealing

dessinait vaguement. Quand la jeune femme rougissait, la marque devenait de moins en moins distincte, et finalement disparaissait dans l'afflux triomphant du sang, qui envahissait toute la joue de son éclat brillant. Mais si un changement de sentiments la faisait pâlir, la marque reparaissait, rouge vif sur la neige de la joue, avec une précision qu'Aylmer trouvait parfois presque terrifiante. Sa forme n'était pas sans ressemblance avec une main humaine, de dimensions minuscules. Les adorateurs de Georgiana, autrefois, disaient qu'une fée, à sa naissance, avait posé sa petite main sur la joue de l'enfant et y avait laissé son empreinte, en signe des qualités merveilleuses qui devaient lui donner un tel empire sur les cœurs. Plus d'un amoureux exalté aurait risqué sa vie pour le privilège de poser ses lèvres sur la main mystérieuse. Nous ne devons pas cacher, cependant, que l'impression produite par ce signe troublant variait beaucoup selon les différences de tempérament chez les spectateurs. Quelques personnes de goût difficile (mais elles appartenaient exclusivement au sexe féminin) affirmaient que la « main sanglante », comme elles affectaient de le dire, détruisait l'effet de la beauté de Georgiana, et rendait même sa physionomie hideuse. Mais il serait aussi raisonnable de soutenir que l'une de ces petites taches bleues, qui apparaissent parfois sur le marbre le plus pur, pourrait changer l'Eve du sculpteur Powers en un monstre. Les observateurs masculins, si la marque n'augmentait pas leur admiration, se contentaient de souhaiter qu'elle ne fût pas là, afin que le monde possédât au moins un spécimen vivant de la beauté idéale, sans même l'ombre d'un défaut. Aylmer, après son mariage (car, auparavant, cette pensée ne s'était guère, ou pas du tout, présentée à lui) découvrit que, dans son cas, cette dernière impression était la sienne.

Si sa femme avait été moins belle, si l'envie avait trouvé quoi que ce soit d'autre à dénigrer en elle, il aurait pu sentir son affection rehaussée par la joliesse de cette petite main figurée, qui tantôt affleurait, tantôt se perdait, tantôt revenait subrepticement, et

forth again, and glimmering to-and-fro with every pulse of emotion that throbbed within her heart. But, seeing her otherwise so perfect, he found this one defect grow more and more intolerable, with every moment of their united lives. It was the fatal flaw of humanity, which Nature, in one shape or another, stamps ineffaceably on all her productions, either to imply that they are temporary and finite, or that their perfection must be wrought by toil and pain. The Crimson Hand expressed the ineludible gripe, in which mortality clutches the highest and purest of earthly mould, degrading them into kindred with the lowest, and even with the very brutes, like whom their visible frames return to dust. In this manner, selecting it as the symbol of his wife's liability to sin, sorrow, decay, and death, Aylmer's sombre imagination was not long in rendering the birth-mark a frightful object, causing him more trouble and horror than ever Georgiana's beauty, whether of soul or sense, had given him delight.

At all the seasons which should have been their happiest, he invariably, and without intending it — nay, in spite of a purpose to the contrary — reverted to this one disastrous topic. Trifling as it at first appeared, it so connected itself with innumerable trains of thought, and modes of feeling, that it became the central point of all. With the morning twilight, Aylmer opened his eyes upon his wife's face, and recognized the symbol of imperfection; and when they sat together at the evening hearth, his eyes wandered stealthily to her cheek, and beheld, flickering with the blaze of the wood fire, the spectral Hand that wrote mortality where he would fain have worshipped. Georgiana soon learned to shudder at his gaze. It needed but a glance, with the peculiar expression that his face often wore, to change the roses of her cheek into a deathlike paleness, amid which the Crimson

dont la tonalité pâle ou vive suivait toutes les émotions qui faisaient battre le cœur de la jeune femme. Mais, comme il la voyait en toute autre chose si parfaite, cet unique défaut lui parut de plus en plus intolérable, à chaque moment de leur existence commune. C'était le stigmate fatal de l'humanité, que la Nature, sous une forme ou sous une autre, imprime d'une façon ineffaçable sur toutes ses productions, soit pour signifier qu'elles sont temporaires et finies, soit qu'elles ne peuvent atteindre la perfection que par l'effort et la douleur. La main écarlate exprimait l'étreinte inéluctable que la nature mortelle exerce sur les créatures d'argile les plus fines et les plus pures, les rabaissant au niveau des plus basses, des bêtes elles-mêmes, dont elles devront partager le sort en retournant en poussière. Ainsi, voyant là le symbole de l'être accessible au péché, à la douleur, à la déchéance et à la mort, l'imagination sombre d'Aylmer ne tarda pas à faire de la marque sur le visage de sa femme un objet effrayant, lui infligeant plus d'anxiété et d'horreur que la beauté même, physique ou morale, de Georgiana ne lui avait donné de joie.

A tous les moments, qui auraient dû être les plus heureux, il revenait invariablement, sans le vouloir, en dépit même de ses efforts pour se retenir, à ce sujet désastreux. Si insignifiant qu'il parût d'abord, il s'unit si intimement à d'innombrables mouvements de pensée et de sentiments qu'il en devint le centre. A l'aube, Aylmer, ouvrant les yeux, regardait le visage de sa femme et y reconnaissait le symbole de l'imperfection. Quant ils étaient assis ensemble, le soir, à leur foyer, ses regards erraient en secret vers la joue de Georgiana et y découvraient, vacillant à la lueur du feu de bois, la main spectrale qui gravait le signe de la mortalité là où il aurait voulu adorer le divin. Bientôt Georgiana se mit à trembler sous ce regard. Il suffisait d'un simple coup d'œil, accompagné de l'expression que prenait souvent sa physionomie, pour changer les roses de ses joues en une pâleur sépulcrale, sur laquelle la main écarlate se détachait

Hand was brought strongly out, like a bas-relief of ruby on the whitest marble.

Late, one night, when the lights were growing dim, so as hardly to betray the stain on the poor wife's cheek, she herself, for the first time, voluntarily took up the subject.

" Do you remember, my dear Aylmer, " said she, with a feeble attempt at a smile — " have you any recollection of a dream, last night, about this odious Hand ? "

" None! — none whatever! " replied Aylmer, starting; but then he added in a dry, cold tone, affected for the sake of concealing the real depth of his emotion : — "I might well dream of it ; for, before I fell asleep, it had taken a pretty firm hold of my fancy."

" And you did dream of it, " continued Georgiana, hastily; for she dreaded lest a gush of tears should interrupt what she had to say — " A terrible dream! I wonder that you can forget it. Is it possible to forget this one expression? — " It is in her heart now — we must have it out! " — Reflect, my husband; for by all means I would have you recall that dream."

The mind is in a sad state, when Sleep, the all-involving, cannot confine her spectres within the dim region of her sway, but suffers them to break forth, affrighting this actual life with secrets that perchance belong to a deeper one. Aylmer now remembered his dream. He had fancied himself, with his servant Aminadab, attempting an operation for the removal of the birth-mark. But the deeper went the knife, the deeper sank the Hand, until at length its tiny grasp appeared to have caught hold of Georgiana's heart; whence, however, her husband was inexorably resolved to cut or wrench it away.

When the dream had shaped itself perfectly in his memory, Aylmer sat in his wife's presence with a guilty

en vives couleurs, comme un camée de rubis sur un fond de marbre blanc.

Un soir, tard, au moment où les lumières faiblissaient et où la tache se voyait à peine sur la joue de la pauvre femme, elle-même, pour la première fois, entama le sujet.

« Avez-vous souvenir, mon cher Aylmer », dit-elle, essayant faiblement de sourire, « y a-t-il dans votre mémoire quelque vestige d'un rêve, que vous avez fait la nuit dernière, au sujet de cette odieuse main ? »

« Non! absolument rien! » répliqua Aylmer, avec un tressaillement; mais il ajouta d'un ton intentionnellement sec et froid, pour cacher l'intensité réelle de son émotion : « J'aurais vraiment pu en rêver; car, juste avant de m'endormir, j'étais très plein de cette préoccupation. »

« Je vous assure que vous en avez rêvé », continua Georgiana d'un ton rapide, craignant qu'un accès de larmes n'interrompît ce qu'elle avait à dire. « C'était un rêve terrible. Je m'étonne que vous ayez pu l'oublier. Est-il possible d'oublier cette expression : Elle doit l'avoir imprimée dans son cœur, maintenant! Il faut l'en arracher!... Réfléchissez, mon ami; je voudrais, pour tout au monde, que vous vous rappeliez ce rêve. »

Il faut que l'esprit soit bien troublé pour que le sommeil, qui exerce sa domination sur tout notre être, ne puisse tenir en main ses spectres, mais les laisse s'échapper, répandant dans l'existence quotidienne des secrets effrayants, qui peut-être sont d'un autre monde. Aylmer réussit à se rappeler son rêve. Il avait imaginé qu'aidé de son assistant, Aminadab, il avait essayé sur sa femme une opération pour enlever la marque de son visage. Mais, plus s'enfonçait le couteau, plus la marque en forme de main se dérobait; à la fin, de sa minuscule étreinte, elle semblait s'être saisie du cœur de Georgiana. L'opérateur avait la résolution inexorable de pousser jusque-là l'incision et d'arracher la marque.

Quand la vision de son rêve devint tout à fait claire à son esprit, Aylmer éprouva, en présence de sa femme,

feeling. Truth often finds its way to the mind close-muffled in robes of sleep, and then speaks with uncompromising directness of matters in regard to which we practise an unconscious self-deception, during our waking moments. Until now, he had not been aware of the tyrannizing influence acquired by one idea over his mind, and of the lengths which he might find in his heart to go, for the sake of giving himself peace.

" Aylmer, " resumed Georgiana, solemnly, " I know not what may be the cost to both of us, to rid me of this fatal birth-mark. Perhaps its removal may cause cureless deformity. Or, it may be, the stain goes as deep as life itself. Again, do we know that there is a possibility, on any terms, of unclasping the firm gripe of this little Hand, which was laid upon me before I came into the world? "

" Dearest Georgiana, I have spent much thought upon the subject," hastily interrupted Aylmer — " I am convinced of the perfect practicability of its removal. "

" If there be the remotest possibility of it, " continued Georgiana, " let the attempt be made, at whatever risk. Danger is nothing to me; for life — while this hateful mark makes me the object of your horror and disgust — life is a burthen which I would fling down with joy. Either remove this dreadful Hand, or take my wretched life! You have deep science! All the world bears witness of it. You have achieved great wonders! Cannot you remove this little, little mark, which I cover with the tips of two small fingers! Is this beyond your power, for the sake of your own peace, and to save your poor wife from madness?"

" Noblest — dearest — tenderest wife! " cried Aylmer, rapturously. " Doubt not my power. I have already given this matter the deepest thought — thought which might almost have enlightened me to create a being less perfect than yourself. Georgiana, you have led me deeper than ever into the heart of

un pénible embarras. La vérité pénètre souvent dans notre âme sous le couvert des voiles du sommeil, et nous force, avec une farouche franchise, à reconnaître des choses sur lesquelles nous cherchons inconsciemment à nous tromper nous-mêmes aux heures de veille. Jusqu'à ce moment, Aylmer ne s'était pas rendu compte de l'influence tyrannique que l'idée avait prise sur son cerveau, ni des extrémités où il serait capable de s'aventurer pour trouver l'apaisement.

« Aylmer », reprit Georgiana, « j'ignore le prix qu'il nous faudrait payer l'un et l'autre pour me débarrasser de cette marque fatale. L'enlever pourrait avoir pour conséquence quelque difformité incurable. Il se peut que cette tache atteigne les racines mêmes de la vie. Et savons-nous s'il est possible, à quelque prix que ce soit, de relâcher la prise de cette terrible petite main, qui s'était saisie de moi dès avant ma naissance ? »

« Très chère, j'ai beaucoup réfléchi à la question », se hâta d'interrompre Aylmer; « je suis parfaitement convaincu de la possibilité de faire disparaître la tache. »

« S'il y en a la moindre possibilité », continua Georgiana, « essayons, à quelque risque que ce soit. Le danger n'est rien pour moi; car, tant que cette odieuse marque me rendra pour vous un objet de terreur et de dégoût, la vie me sera un fardeau que je rejetterai de gaieté de cœur. Effacez cette terrible main, ou enlevez-moi la vie! Votre science est profonde; le monde s'en porte garant. Vous avez accompli des merveilles. Ne pouvez-vous enlever cette petite, toute petite marque, que je couvre du bout de deux de mes doigts! Cela dépasse-t-il votre pouvoir ? Ne pouvez-vous ainsi acquérir la tranquillité et sauver votre pauvre femme de la folie ? »

« Oh! la plus noble, la plus chère, la plus tendre des femmes! » s'écria Aylmer avec ravissement. « Ne doutez pas de mon pouvoir. Le problème a déjà donné lieu de ma part à des investigations si poussées qu'elles m'ont presque fait mettre la main sur le moyen de créer un être, à vrai dire moins parfait que vous.

science. I feel myself fully competent to render this dear cheek as faultless as its fellow; and then, most beloved, what will be my triumph, when I shall have corrected what Nature left imperfect, in her fairest work! Even Pygmalion, when his sculptured woman assumed life, felt not greater ecstasy than mine will be. "

" It is resolved, then, " said Georgiana, faintly smiling, — " And, Aylmer, spare me not, though you should find the birth-mark take refuge in my heart at last. "

Her husband tenderly kissed her cheek — her right cheek — not that which bore the impress of the Crimson Hand.

The next day, Aylmer apprised his wife of a plan that he had formed, whereby he might have opportunity for the intense thought and constant watchfulness which the proposed operation would require; while Georgiana, likewise, would enjoy the perfect repose essential to its success. They were to seclude themselves in the extensive apartments occupied by Aylmer as a laboratory, and where, during his toilsome youth, he had made discoveries in the elemental powers of nature, that had roused the admiration of all the learned societies in Europe. Seated calmly in this laboratory the pale philosopher had investigated the secrets of the highest cloud-region, and of the profoundest mines; he had satisfied himself of the causes that kindled and kept alive the fires of the volcano; and had explained the mystery of fountains, and how it is that they gush forth, some so bright and pure, and others with such rich medicinal virtues, from the dark bosom of the earth. Here, too, at an earlier period, he had studied the wonders of the human frame, and attempted to fathom the very process by which Nature assimilates all her precious influences from earth and air, and from the spiritual world, to create and foster Man, her masterpiece. The latter

Georgiana, vous m'avez conduit plus loin que je ne suis jamais parvenu, au cœur de la Science. Je me sens parfaitement capable de rendre cette joue aussi immaculée que l'autre. Alors, ma très aimée, quel triomphe, quand j'aurai corrigé la Nature et redressé ses imperfections dans une de ses plus belles œuvres! Même Pygmalion, quand sa statue de femme prit vie, n'éprouva pas exaltation plus grande que celle que je connaîtrai! »

« Que la résolution soit prise, donc! » dit Georgiana avec un faible sourire. « Et ne m'épargnez pas, mon ami, dussiez-vous trouver la marque tapie, en fin de compte, dans mon cœur même. »

Le mari l'embrassa tendrement sur la joue — la droite, non pas celle qui portait la marque de la « main écarlate ».

Le lendemain, Aylmer fit part à sa femme d'un plan qu'il avait formé, devant lui permettre le travail de pensée intense dont il avait besoin pour l'opération projetée, tandis que Georgiana, en même temps, jouirait d'un repos parfait, nécessaire au succès. Ils se retireraient dans le grand appartement aménagé par Aylmer en laboratoire, et où, pendant ses jeunes années laborieuses, il avait fait des découvertes concernant les forces élémentaires de la nature, qui avaient suscité l'admiration de toutes les sociétés savantes d'Europe. Isolé dans le calme de ce laboratoire, le pâle philosophe avait pénétré le secret des régions les plus élevées de l'atmosphère et les plus profondes des mines; il s'était assuré des causes qui enflamment et maintiennent allumés les volcans; il avait expliqué le mystère des sources, pourquoi elles jaillissent, les unes claires et pures, les autres chargées de riches vertus médicinales, des entrailles de la terre. Là aussi, auparavant, il avait étudié les merveilles du corps humain et essayé de sonder le processus par lequel la Nature emprunte toutes ces précieuses influences à la terre, à l'air et aux régions de l'esprit pour créer et maintenir l'homme, son chef-d'œuvre. Ce dernier champ d'étude, cependant, Aylmer l'avait laissé de côté, obligé malgré

pursuit, however, Aylmer had long laid aside, in unwilling recognition of the truth, against which all seekers sooner or later stumble, that our great creative Mother, while she amuses us with apparently working in the broadest sunshine, is yet severely careful to keep her own secrets, and, in spite of her pretended openness, shows us nothing but results. She permits us indeed to mar, but seldom to mend, and, like a jealous patentee, on no account to make. Now, however, Aylmer resumed these half-forgotten investigations; not, of course, with such hopes or wishes as first suggested them; but because they involved much physiological truth, and lay in the path of his proposed scheme for the treatment of Georgiana.

As he led her over the threshold of the laboratory, Georgiana was cold and tremulous. Aylmer looked cheerfully into her face, with intent to reassure her, but was so startled with the intense glow of the birth-mark upon the whiteness of her cheek, that he could not restrain a strong convulsive shudder. His wife fainted.

" Aminadab! Aminadab! " shouted Aylmer, stamping violently on the floor.

Forthwith, there issued from an inner apartment a man of low stature, but bulky frame, with shaggy hair hanging about his visage, which was grimed with the vapors of the furnace. This personage had been Aylmer's underworker during his whole scientific career, and was admirably fitted for that office by his great mechanical readiness, and the skill with which, while incapable of comprehending a single principle, he executed all the practical details of his master's experiments. With his vast strength, his shaggy hair, his smoky aspect, and the indescribable earthiness that encrusted him, he seemed to represent man's physical nature; while Aylmer's slender figure, and pale, intellectual face, were no less apt a type of the spiritual element.

" Throw open the door of the boudoir, Aminadab, " said Aylmer, " and burn a pastille. "

lui de reconnaître le fait auquel s'achoppent tôt ou tard tous les investigateurs, que notre puissante Mère créatrice, qui se plaît en apparence à œuvrer au plein soleil de la plus claire lumière, prend cependant le plus grand soin de garder son secret, et, en dépit d'un semblant de franchise, ne nous livre que les résultats. Elle nous permet, il est vrai, de gâter, mais rarement d'améliorer; et, comme le possesseur jaloux d'un brevet, jamais en aucune façon de créer. Voici cependant qu'Aylmer reprenait ces investigations à demi oubliées; non pas, bien sûr, avec les espérances et les désirs qu'elles avaient suggérés autrefois; mais parce qu'elles impliquaient de grandes vérités physiologiques et ouvraient la voie à son dessein de traiter Georgiana.

Au moment où il lui fit franchir le seuil du laboratoire, Georgiana, toute tremblante, sentit son sang se glacer. Aylmer dirigea vers elle un regard joyeux, dans l'intention de la rassurer, mais fut si bouleversé de l'éclat intense de la marque sur sa joue exsangue, qu'il ne put réprimer un long frisson convulsif. Sa femme s'évanouit.

« Aminadab! Aminadab! » s'écria Aylmer, frappant violemment du pied le plancher.

Aussitôt sortit d'une pièce intérieure un homme court, de vaste corpulence, aux cheveux répandus sur le visage, tout noirci des vapeurs des fourneaux. Ce personnage était l'aide d'Aylmer depuis les débuts de sa carrière scientifique, admirablement fait pour cet office par sa grande dextérité mécanique et l'habileté avec laquelle il exécutait tous les détails des expériences de son maître, quoique incapable d'en comprendre les principes théoriques. Avec sa musculature formidable, ses cheveux épars, son aspect fumeux et l'indescriptible épaisseur matérielle qui l'incrustait, il semblait représenter la nature physique de l'homme, tandis que la forme svelte d'Aylmer, son visage pâle et intellectuel étaient le symbole non moins exact de l'élément spirituel.

« Ouvrez vite la porte du boudoir, Aminadab! » dit Aylmer, « et brûlez une pastille. »

“ Yes, master, ” answered Aminadab, looking intently at the lifeless form of Georgiana; and then he muttered to himself: — “ If she were my wife, I’d never part with that birth-mark. ”

When Georgiana recovered consciousness, she found herself breathing an atmosphere of penetrating fragrance, the gentle potency of which had recalled her from her deathlike faintness. The scene around her looked like enchantment. Aylmer had converted those smoky, dingy, sombre rooms, where he had spent his brightest years in recondite pursuits, into a series of beautiful apartments, not unfit to be the secluded abode of a lovely woman. The walls were hung with gorgeous curtains, which imparted the combination of grandeur and grace, that no other species of adornment can achieve; and as they fell from the ceiling to the floor, their rich and ponderous folds, concealing all angles and straight lines, appeared to shut in the scene from infinite space. For aught Georgiana knew, it might be a pavilion among the clouds. And Aylmer, excluding the sunshine, which would have interfered with his chemical processes, had supplied its place with perfumed lamps, emitting flames of various hue, but all uniting in a soft, empurpled radiance. He now knelt by his wife’s side, watching her earnestly, but without alarm; for he was confident in his science, and felt that he could draw a magic circle round her, within which no evil might intrude.

“ Where am I? — Ah, I remember! ” said Georgiana, faintly; and she placed her hand over her cheek, to hide the terrible mark from her husband’s eyes.

“ Fear not, dearest! ” exclaimed he. “ Do not shrink from me! Believe me, Georgiana, I even rejoice in this single imperfection, since it will be such a rapture to remove it. ”

“ Oh, spare me! ” sadly replied his wife. “ Pray do not look at it again. I never can forget that convulsive shudder. ”

« Oui, maître », répondit Aminadab, regardant fixement la forme sans vie de Georgiana. Puis il murmura, se parlant à lui-même : « Si c'était ma femme, je n'entreprendrais pas de faire disparaître cette marque. »

Quand Georgiana recouvra ses sens, elle respirait une atmosphère pénétrée d'un parfum subtil, dont l'efficacité l'avait rappelée de cet évanouissement semblable à la mort. Le spectacle qui l'entourait était comme un enchantement. Aylmer avait transformé ces salles sombres, souillées, fumeuses, où il avait occupé ses jeunes années à des travaux abstrus, en une série de pièces splendides tout à fait propres à devenir l'appartement intime d'une jolie femme. Les murs étaient tendus de rideaux somptueux, offrant cette union de solennité et de grâce que n'atteint aucune autre décoration; la chute de leurs plis riches et lourds, de la corniche au plancher, cachait les angles et les lignes droites, semblant protéger cette retraite contre le vide de l'espace infini. Dans la pensée de Georgiana, c'était comme une tente dressée au milieu des nuages. Aylmer, ayant exclu le soleil qui aurait gêné ses expériences de chimie, avait remplacé la lumière du jour par des lampes parfumées, émettant des flammes de teintes variées, qui se combinaient en un rayonnement de pourpre atténuée. Il s'agenouilla près de sa femme, l'observant avec attention, mais sans alarme; car il avait confiance en sa science et savait qu'il pouvait tracer autour d'elle un cercle magique, qu'aucune funeste influence ne pourrait franchir.

« Où suis-je ?... Ah! je me souviens! » dit Georgiana d'une voix faible; et elle mit sa main sur sa joue, pour cacher la terrible marque aux yeux de son mari.

« Ne craignez rien, aimée! » s'écria-t-il. « Ne vous reculez pas de moi! Croyez-moi, Georgiana, je me réjouis maintenant de cette unique imperfection, puisque ce sera une si grande joie de l'effacer. »

« Oh, ayez pitié de moi! » répliqua sa femme, tristement. « Ne regardez plus cette chose, je vous en supplie. Je ne peux pas oublier ce frisson convulsif. »

In order to soothe Georgiana, and, as it were, to release her mind from the burthen of actual things, Aylmer now put in practice some of the light and playful secrets which science had taught him among its profounder lore. Airy figures, absolutely bodiless ideas, and forms of unsubstantial beauty, came and danced before her, imprinting their momentary footsteps on beams of light. Though she had some indistinct idea of the method of these optical phenomena, still the illusion was almost perfect enough to warrant the belief that her husband possessed sway over the spiritual world. Then again, when she felt a wish to look forth from her seclusion, immediately, as if her thoughts were answered, the procession of external existence flitted across a screen. The scenery and the figures of actual life were perfectly represented, but with that bewitching, yet indescribable difference, which always makes a picture, an image, or a shadow so much more attractive than the original. When wearied of this, Aylmer bade her cast her eyes upon a vessel, containing a quantity of earth. She did so, with little interest at first, but was soon startled, to perceive the germ of a plant, shooting upward from the soil. Then came the slender stalk — the leaves gradually unfolded themselves — and amid them was a perfect and lovely flower.

" It is magical! " cried Georgiana, " I dare not touch it. "

" Nay, pluck it, " answered Aylmer, " pluck it, and inhale its brief perfume while you may. The flower will wither in a few moments, and leave nothing save its brown seed-vessels — but thence may be perpetuated a race as ephemeral as itself. "

But Georgiana had no sooner touched the flower than the whole plant suffered a blight, its leaves turning coal-black, as if by the agency of fire.

" There was too powerful a stimulus, " said Aylmer, thoughtfully.

To make up for this abortive experiment, he proposed

Afin d'apaiser Georgiana, et pour ainsi dire, de décharger son esprit du poids de la réalité, Aylmer fit appel aux petites habiletés et aux gentils secrets que la science lui avait livrés, au milieu de connaissances plus profondes. Des formes éthérées, des idées absolument désincarnées, de belles visions sans substance se mirent à se jouer dans l'air, imprimant un moment leurs contours évanescents sur les rayons de lumière. Bien que la jeune femme eût quelque notion des méthodes qui permettaient de produire ces phénomènes optiques, l'illusion était presque assez parfaite pour suggérer la croyance que son mari dominait le monde spirituel. A d'autres moments, lorsqu'elle éprouvait le désir de sortir de son isolement, aussitôt, comme pour répondre à ses pensées, le spectacle du monde extérieur passait sur un écran. Le décor et les personnages de la vie réelle étaient parfaitement représentés, mais avec cette différence exquise, quoique indescriptible, qui fait qu'un tableau, une image ou une ombre sont beaucoup plus attrayants que l'original. Quand elle était fatiguée de cette diversion, Aylmer lui disait de diriger ses regards vers un vase contenant de la terre. Elle le faisait, sans grand intérêt d'abord, mais tressaillait bientôt de voir sortir le germe d'une plante. Puis s'élevait la tige gracile, les feuilles se déployaient, et parmi elles s'épanouissait une fleur d'une beauté ravissante.

« Est-ce de la magie ? » s'écria Georgiana, « je n'ose toucher cette fleur. »

« Du tout; cueillez-la », répondit Aylmer, « cueillez-la et respirez son bref parfum pendant qu'il dure. La fleur va bientôt se flétrir et ne laisser que des graines brunes; de là naîtra une race aussi éphémère qu'elle. »

Mais Georgiana n'eut pas plutôt touché la fleur que toute la plante se fana; ses feuilles devinrent d'un noir de charbon, comme si le feu les avait consumées.

« Elle a reçu un stimulant trop fort », dit Aylmer pensivement.

Pour compenser l'insuccès de cette expérience, il

to take her portrait by a scientific process of his own invention. It was to be effected by rays of light striking upon a polished plate of metal. Georgiana assented — but, on looking at the result, was affrighted to find the features of the portrait blurred and indefinable; while the minute figure of a hand appeared where the cheek should have been. Aylmer snatched the metallic plate, and threw it into a jar of corrosive acid.

Soon, however, he forgot these mortifying failures. In the intervals of study and chemical experiment, he came to her, flushed and exhausted, but seemed invigorated by her presence, and spoke in glowing language of the resources of his art. He gave a history of the long dynasty of the Alchemists, who spent so many ages in quest of the universal solvent, by which the Golden Principle might be elicited from all things vile and base. Aylmer appeared to believe, that, by the plainest scientific logic, it was altogether within the limits of possibility to discover this longsought medium; but, he added, a philosopher who should go deep enough to acquire the power, would attain too lofty a wisdom to stoop to the exercise of it. Not less singular were his opinions in regard to the Elixir Vitæ. He more than intimated, that it was at his option to concoct a liquid that should prolong life for years — perhaps interminably — but that it would produce a discord in nature, which all the world, and chiefly the quaffer of the immortal nostrum, would find cause to curse.

" Aylmer, are you in earnest? " asked Georgiana, looking at him with amazement and fear; " it is terrible to possess such power, or even to dream of possessing it! "

" Oh, do not tremble, my love! " said her husband, " I would not wrong either you or myself, by working such inharmonious effects upon our lives. But I would have you consider how trifling, in comparison,

proposa de prendre le portrait de Georgiana par un procédé scientifique de son invention. Cela s'effectuait au moyen de rayons de lumière projetés sur un métal poli. Georgiana consentit, mais, en regardant le résultat, fut effrayée de voir les traits du portrait brouillés et confus. A l'endroit où aurait dû être la joue, apparaissait la forme minuscule d'une main. Aylmer se saisit de la plaque de métal et la jeta dans un bocal d'acide corrosif.

Bientôt cependant il oublia ces insuccès mortifiants. Dans les intervalles des séances, d'étude et des expériences de chimie, il venait vers elle, fatigué, le visage rouge, mais semblait réconforté par sa présence et parlait avec éloquence des ressources de son art. Il détailla l'histoire de la longue dynastie des alchimistes, qui pendant des siècles avaient cherché le solvant universel, grâce auquel on aurait pu faire sortir le « principe de l'or » des choses les plus viles et les plus basses. Aylmer semblait croire que, par la simple logique scientifique, il était possible de découvrir ce milieu cherché depuis si longtemps; mais, ajoutait-il, un philosophe, qui pousserait assez profond pour acquérir cette science, aurait une sagesse trop haute pour s'abaisser à faire usage du pouvoir qu'elle comporterait. Tout aussi étonnante était son opinion concernant l'*Elixir Vitæ*. Il laissa entendre assez clairement qu'il pourrait, s'il le voulait, composer une liqueur qui prolongerait considérablement la vie — peut-être sans limites, mais que cela produirait un tel désordre dans la nature que tous les hommes, et surtout celui qui se serait servi de ce médicament, ne pourraient que maudire l'élixir et son inventeur.

« Aylmer, parlez-vous sérieusement ? » demanda Georgiana, regardant son mari avec effarement et crainte. « C'est une chose terrible de posséder ce pouvoir, ou même de rêver qu'on puisse le posséder! »

« Oh, ne tremblez pas, mon amour! » répondit le savant. « Je ne consentirais pour rien au monde à nous jeter, vous et moi, dans la détresse, en exerçant sur notre vie pareils effets inharmonieux. Mais je voulais

is the skill requisite to remove this little Hand."

At the mention of the birth-mark, Georgiana, as usual, shrank, as if a red-hot iron had touched her cheek.

Again Aylmer applied himself to his labors. She could hear his voice in the distant furnace-room, giving directions to Aminadab, whose harsh, uncouth, misshapen tones were audible in response, more like the grunt or growl of a brute than human speech. After hours of absence, Aylmer reappeared, and proposed that she should now examine his cabinet of chemical products, and natural treasures of the earth. Among the former he showed her a small vial, in which, he remarked, was contained a gentle yet most powerful fragrance, capable of impregnating all the breezes that blow across a kingdom. They were of inestimable value, the contents of that little vial; and, as he said so, he threw some of the perfume into the air, and filled the room with piercing and invigorating delight.

"And what is this?" asked Georgiana, pointing to a small crystal globe, containing a gold-colored liquid. "It is so beautiful to the eye, that I could imagine it the Elixir of Life."

"In one sense it is," replied Aylmer, "or rather the Elixir of Immortality. It is the most precious poison that ever was concocted in this world. By its aid, I could apportion the lifetime of any mortal at whom you might point your finger. The strength of the dose would determine whether he were to linger out years, or drop dead in the midst of a breath. No king, on his guarded throne, could keep his life, if I, in my private station, should deem that the welfare of millions justified me in depriving him of it."

"Why do you keep such a terrific drug?" inquired Georgiana, in horror.

"Do not mistrust me, dearest!" said her husband, smiling; "its virtuous potency is yet greater than its

vous faire comprendre combien c'est peu de chose, en comparaison, que de posséder l'habileté de faire disparaître cette petite main. »

A la mention de la marque, Georgiana, comme d'habitude, eut un mouvement de recul, comme si un fer rouge eût touché sa joue.

Aylmer retourna à ses travaux. Elle l'entendait donner des ordres, dans le fond de la salle aux expériences, à Aminadab, qui répondait de sa voix dure, inculte et rauque, plus semblable au grognement ou à l'aboiement d'une bête qu'au langage humain. Après quelques heures d'absence, Aylmer reparut et proposa à Georgiana de visiter sa collection de produits chimiques et de trésors naturels de la terre. Parmi les premiers, il lui montra une petite fiole, qui contenait, dit-il, une essence agréable et cependant très forte, capable de parfumer toutes les brises qui soufflent sur un royaume. Le contenu de ce petit flacon était inestimable. En prononçant ces paroles, il laissa échapper un peu de ce parfum dans l'air, qui se remplit d'une odeur pénétrante et vivifiante.

« Et ceci, qu'est-ce ? » demanda Georgiana, montrant du doigt un petit globe de cristal, contenant un liquide doré. « Cela flatte l'œil si agréablement que je pourrais imaginer que c'est l'Elixir de Vie. »

« En un sens, ce l'est », répondit Aylmer, « ou plutôt l'Elixir d'Immortalité. C'est le poison le plus précieux qu'on ait distillé au monde. Je pourrais m'en servir pour fixer à tout mortel que vous me désigneriez la durée de sa vie. La dose déciderait s'il doit rester sur terre des années ou tomber mort au milieu d'une inspiration. Aucun roi, sur son trône, au milieu de ses gardes, ne pourrait conserver la vie, si moi, simple particulier, je pensais que le bien-être de millions d'hommes m'autorisait à le tuer. »

« Pourquoi conservez-vous une drogue aussi terrible ? » demanda Georgiana, horrifiée.

« Ne vous méprenez pas, aimée ! » dit le savant, en souriant. « La puissance bienfaisante de cette prépa-

harmful one. But, see! here is a powerful cosmetic. With a few drops of this, in a vase of water, freckles may be washed away as easily as the hands are cleansed. A stronger infusion would take the blood out of the cheek, and leave the rosiest beauty a pale ghost."

"Is it with this lotion that you intend to bathe my cheek?" asked Georgiana, anxiously.

"Oh, no!" hastily replied her husband, — "this is merely superficial. Your case demands a remedy that shall go deeper."

In his interviews with Georgiana, Aylmer generally made minute inquiries as to her sensations, and whether the confinement of the rooms, and the temperature of the atmosphere, agreed with her. These questions had such a particular drift, that Georgiana began to conjecture that she was already subjected to certain physical influences, either breathed in with the fragrant air, or taken with her food. She fancied, likewise — but it might be altogether fancy — that there was a stirring up of her system: a strange, indefinite sensation creeping through her veins, and tingling, half-painfully, half-pleasurably, at her heart. Still, whenever she dared to look into the mirror, there she beheld herself, pale as a white rose, and with the crimson birth-mark stamped upon her cheek. Not even Aylmer now hated it so much as she.

To dispel the tedium of the hours which her husband found it necessary to devote to the processes of combination and analysis, Georgiana turned over the volumes of his scientific library. In many dark old tomes, she met with chapters full of romance and poetry. They were the works of the philosophers of the middle ages, such as Albertus Magnus, Cornelius Agrippa, Paracelsus, and the famous friar who created the prophetic Brazen Head. All these antique naturalists stood in advance of their centuries, yet were imbued with some of their credulity, and there-

ration est encore plus grande que ses dangers. Mais, tenez! voici un cosmétique puissant. Avec quelques gouttes de ceci dans un vase d'eau on obtient une lotion qui fait disparaître les taches de rousseur aussi facilement qu'on se lave les mains. Une proportion plus forte chasserait le sang des joues et ferait de la beauté au teint le plus rose un fantôme cadavérique. »

« Est-ce de ce liquide que vous voulez me baigner la joue ? » demanda Georgiana, pleine d'anxiété.

« Oh, non! » se hâta de répondre Aylmer; « ceci ne produit qu'un effet superficiel. Votre cas demande un remède qui ira plus profond. »

Dans ces entretiens, Aylmer s'informait avec un soin minutieux auprès de Georgiana des sensations de celle-ci, si elle ne souffrait pas d'être confinée à la chambre, et si la température lui convenait. Ces questions prenaient un tel tour que Georgiana en conjectura qu'elle était déjà soumise à certaines influences physiques, qu'elle respirait avec les parfums de l'air, ou qui étaient incorporées à sa nourriture. Il lui semblait aussi — mais ce n'était peut-être qu'une imagination — qu'elle éprouvait dans tout son être une stimulation, une sensation étrange, indéfinie, pénétrant ses veines et faisant battre son cœur, avec douleur et plaisir à la fois. Cependant, quand elle osait se regarder dans une glace, elle se voyait, pâle comme une rose blanche, avec la marque écarlate imprimée sur sa joue. Cette marque, Aylmer maintenant ne la haïssait pas plus qu'elle.

Pour chasser l'ennui des heures que son mari croyait nécessaire de consacrer aux combinaisons et à l'analyse, Georgiana se tourna vers les livres de sa bibliothèque scientifique. Dans maint vieux tome, elle découvrit des chapitres pleins de poésie et de charme imaginatif. C'étaient les ouvrages des philosophes du Moyen Age, Albert le Grand, Cornelius Agrippa, Paracelse et le fameux moine qui créa la tête de bronze prophétique. Tous ces savants d'autrefois étaient en avance sur leur époque, et cependant partageaient en quelque mesure sa crédulité. Aussi croyait-on, et croyaient-ils

fore were believed, and perhaps imagined themselves, to have acquired from the investigation of nature a power above nature, and from physics a sway over the spiritual world. Hardly less curious and imaginative were the early volumes of the Transactions of the Royal Society, in which the members, knowing little of the limits of natural possibility, were continually recording wonders, or proposing methods whereby wonders might be wrought.

But, to Georgiana, the most engrossing volume was a large folio from her husband's own hand, in which he had recorded every experiment of his scientific career, with its original aim, the methods adopted for its development, and its final success or failure, with the circumstances to which either event was attributable. The book, in truth, was both the history and emblem of his ardent, ambitious, imaginative, yet practical and laborious life. He handled physical details, as if there were nothing beyond them; yet spiritualized them all, and redeemed himself from materialism, by his strong and eager aspiration towards the infinite. In his grasp, the veriest clod of earth assumed a soul. Georgiana, as she read, reverenced Aylmer, and loved him more profoundly than ever, but with a less entire dependence on his judgment than heretofore. Much as he had accomplished, she could not but observe that his most splendid successes were almost invariably failures, if compared with the ideal at which he aimed. His brightest diamonds were the merest pebbles, and felt to be so by himself, in comparison with the inestimable gems which lay hidden beyond his reach. The volume, rich with achievements, that had won renown for its author, was yet as melancholy a record as ever mortal hand had penned. It was the sad confession, and continual exemplification, of the shortcomings of the composite man — the spirit burthened with clay and working in matter; and of the despair that assails the higher nature, at finding itself so miserably thwarted by the earthly part. Perhaps every man of genius, in what-

eux-mêmes peut-être, qu'ils avaient acquis par leur étude de la nature un pouvoir au-dessus de la nature, et par leur connaissance de la physique la domination du monde spirituel. A peine moins curieux et moins fantaisistes les premiers volumes du Bulletin de la Société Royale, dans lesquels les membres, ne se rendant pas compte des possibilités de la nature, ne cessaient de rapporter des merveilles, ou proposaient des méthodes pour accomplir des merveilles.

Mais, pour Georgiana, le volume le plus attachant était un gros in-folio de la main même de son mari, où celui-ci avait noté toutes les expériences de sa carrière scientifique, avec leur dessein original, les méthodes adoptées pour les mener à terme, le succès ou la faillite qui en étaient résultés, avec tout le détail des faits auxquels on pouvait attribuer l'événement. Ce livre, à vrai dire, était à la fois l'histoire et l'emblème de sa vie ardente, ambitieuse, visionnaire, et cependant pratique et laborieuse. Il maniait les données de la physique comme s'il n'y avait rien au-delà, et cependant les spiritualisait et se rachetait de tout matérialisme par son ardente et vigoureuse aspiration à l'infini. Dans son étreinte, la simple motte de terre prenait une âme. Au cours de cette lecture, Georgiana éprouva du respect pour Aylmer et l'aima plus profondément que jamais, mais en se reposant moins sur son jugement qu'auparavant. Si importants qu'aient été ses travaux, il fallait admettre que ses succès les plus splendides étaient presque invariablement des défaites, comparés à l'idéal qu'il s'était proposé. Ses diamants les plus brillants n'étaient que des cailloux — et il le savait — en comparaison des gemmes inestimables qui restaient au delà de son pouvoir. Le volume, plein de découvertes qui avaient assuré le renom de leur auteur, était cependant la plus triste des relations qu'homme ait écrite. C'était l'humble aveu et la preuve péremptoire de la nature composite de l'homme — âme immatérielle dans une gangue d'argile, esprit condamné à travailler sur la matière; il exprimait le désespoir de l'être supérieur, si misé-

ever sphere, might recognize the image of his own experience in Aylmer's journal.

So deeply did these reflections affect Georgiana, that she laid her face upon the open volume, and burst into tears. In this situation she was found by her husband.

"It is dangerous to read in a sorcerer's books," said he, with a smile, though his countenance was uneasy and displeased. "Georgiana, there are pages in that volume which I can scarcely glance over and keep my senses. Take heed lest it prove as detrimental to you!"

"It has made me worship you more than ever," said she.

"Ah! wait for this one success," rejoined he, "then worship me if you will. I shall deem myself hardly unworthy of it. But, come! I have sought you for the luxury of your voice. Sing to me, dearest!"

So she poured out the liquid music of her voice to quench the thirst of his spirit. He then took his leave, with a boyish exuberance of gaiety, assuring her that her seclusion would endure but a little longer, and that the result was already certain. Scarcely had he departed, when Georgiana felt irresistibly impelled to follow him. She had forgotten to inform Aylmer of a symptom, which, for two or three hours past, had begun to excite her attention. It was a sensation in the fatal birth-mark, not painful, but which induced a restlessness throughout her system. Hastening after her husband, she intruded, for the first time, into the laboratory.

The first thing that struck her eye was the furnace, that hot and feverish worker, with the intense glow of its fire, which, by the quantities of soot clustered above it, seemed to have been burning for ages. There was a distilling apparatus in full operation. Around

rablement empêché par l'élément terrestre. Tout homme de génie, peut-être, à quelque sphère qu'il appartienne, aurait pu reconnaître sa propre expérience de la condition humaine dans le journal d'Aylmer.

Ces réflexions affectèrent Georgiana si douloureusement qu'elle laissa tomber son front sur le volume ouvert et fondit en larmes. C'est dans cette situation que la trouva son mari.

« Il est dangereux de lire le livre d'un sorcier », dit-il en souriant, bien que sa physionomie exprimât l'inquiétude et le déplaisir. « Georgiana, il y a dans ce volume des pages que je ne peux moi-même parcourir sans perdre ma tranquillité d'esprit. Prenez garde qu'il ne vous fasse du mal, à vous aussi. »

« Grâce à lui, je vous révère plus que jamais », dit-elle.

« Ah! attendez le succès que nous cherchons », répliqua-t-il, « et alors révérez-moi si vous voulez. Je ne m'en jugerai pas indigne. Mais, voyons! je suis venu vous trouver pour vous demander le privilège de vous entendre chanter. Voulez-vous, aimée ? »

Elle versa la musique liquide de sa voix pour étancher la soif de son âme. Il prit alors congé d'elle, avec la gaîté exubérante d'un jeune garçon, l'assurant que sa réclusion ne durerait plus bien longtemps et que le résultat était déjà certain. A peine était-il sorti que Georgiana éprouva le désir irrésistible de le rejoindre. Elle avait oublié d'informer Aylmer d'un symptôme qui, depuis deux ou trois heures, avait commencé à attirer son attention. C'était une certaine sensation à l'endroit de la marque, non pas douloureuse, mais qui créait une excitation nerveuse générale. Suivant de près son mari, elle ouvrit la porte et pénétra dans le laboratoire sans être attendue.

Ce qui frappa d'abord son regard, ce fut le fourneau, au souffle entrecoupé et brûlant, à la flamme rutilante, et avec une telle quantité de suie accumulée au-dessus, qu'on aurait cru qu'il était allumé depuis des siècles. Il y avait un appareil à distiller en plein fonctionnement.

the room were retorts, tubes, cylinders, crucibles, and other apparatus of chemical research. An electrical machine stood ready for immediate use. The atmosphere felt oppressively close, and was tainted with gaseous odors, which had been tormented forth by the processes of science. The severe and homely simplicity of the apartment, with its naked walls and brick pavement, looked strange, accustomed as Georgiana had become to the fantastic elegance of her boudoir. But what chiefly, indeed almost solely, drew her attention, was the aspect of Aylmer himself.

He was pale as death, anxious, and absorbed, and hung over the furnace as if it depended upon his utmost watchfulness whether the liquid, which he was distilling, should be the draught of immortal happiness or misery. How different from the sanguine and joyous mien that he had assumed for Georgiana's encouragement!

"Carefully now, Aminadab! Carefully, thou human machine! Carefully, thou man of clay!" muttered Aylmer, more to himself than his assistant. "Now, if there be a thought too much or too little, it is all over!"

"Hoh! hoh!" mumbled Aminadab — "look, master, look!"

Aylmer raised his eyes hastily, and at first reddened, then grew paler than ever, on beholding Georgiana. He rushed towards her, and seized her arm with a gripe that left the print of his fingers upon it.

"Why do you come hither? Have you no trust in your husband?" cried he impetuously. "Would you throw the blight of that fatal birth-mark over my labors? It is not well done. Go, prying woman, go!"

"Nay, Aylmer," said Georgiana, with the firmness of which she possessed no stinted endowment, "it is not you that have a right to complain. You mistrust your wife! You have concealed the anxiety with which you watch the development of this experiment. Think not so unworthily of me, my husband! Tell me all the

Tout autour de la pièce, des cornues, des tubes, des cylindres, des creusets, tout l'outillage des travaux de chimie. Une machine électrique était là, prête à servir. L'atmosphère était lourde et oppressive, chargée de gaz odorants, obtenus en tourmentant la matière par toutes les ressources de la science. La simplicité sévère et nue de la salle, avec ses murs sans tentures et son sol de brique, parut étrange à Georgiana, accoutumée à l'élégance fantastique du boudoir. Mais ce qui la frappa surtout, et presque exclusivement, ce fut l'aspect d'Aylmer.

Il était pâle, anxieux et absorbé, penché sur le fourneau, comme s'il dépendait de son attention soutenue que le liquide, qu'il distillait, fût le philtre de la félicité ou du malheur immortels. Combien différente cette attitude, de la gaieté débordante qu'il avait feinte pour encourager Georgiana!

« Attention, Aminadab! Attention, machine humaine! Attention, être de limon! » murmurait Aylmer, se parlant à lui-même plutôt qu'à son assistant. « Un soupçon de plus ou de moins, et tout est perdu! »

« Oh, oh! » grommela Aminadab, « regardez, maître, regardez! »

Aylmer leva les yeux, et rougit d'abord, puis redevint plus pâle que jamais, en apercevant Georgiana. Il se précipita vers elle et lui saisit le bras d'une étreinte qui laissa sur sa peau la trace de ses doigts.

« Que venez-vous faire ici ? Pourquoi ne vous fiez-vous pas à votre mari ? » s'écria-t-il avec impétuosité. « Venez-vous jeter sur mes travaux le fatal sortilège de la marque ? Ce n'est pas bien. Allez-vous-en, curieuse, allez-vous-en! »

« Voyons, Aylmer », dit Georgiana, avec la fermeté qui était un des traits dominants de son caractère, « ce n'est pas vous qui avez le droit de vous plaindre. C'est vous qui vous défiez de votre femme! Vous m'avez caché l'anxiété avec laquelle vous suivez le développement de cette expérience. Mon ami, n'ayez

risk we run; and fear not that I shall shrink, for my share in it is far less than your own!"

"No, no, Georgiana!" said Aylmer, impatiently, "it must not be."

"I submit," replied she, calmly. "And, Aylmer, I shall quaff whatever draught you bring me; but it will be on the same principle that would induce me to take a dose of poison, if offered by your hand."

"My noble wife," said Aylmer, deeply moved, "I knew no the height and depth of your nature, until now. Nothing shall be concealed. Know, then, that this Crimson Hand, superficial as it seems, has clutched its grasp into your being, with a strength of which I had no previous conception. I have already administered agents powerful enough to do aught except to change your entire physical system. Only one thing remains to be tried. It that fail us, we are ruined!"

"Why did you hesitate to tell me this?" asked she.

"Because, Georgiana," said Aylmer, in a low voice, "there is danger."

"Danger? There is but one danger — that this horrible stigma shall be left upon my cheek!" cried Georgiana. "Remove it! remove it! — whatever be the cost — or we shall both go mad!"

"Heaven knows, your words are too true," said Aylmer, sadly. "And now, dearest, return to your boudoir. In a little while, all will be tested."

He conducted her back, and took leave of her with a solemn tenderness, which spoke far more than his words how much was now at stake. After his departure, Georgiana became wrapt in musings. She considered the character of Aylmer, and did it completer justice than at any previous moment. Her heart exulted, while it trembled, at his honorable love, so pure and lofty that it would accept nothing less than

pas une si pauvre opinion de moi! Dites-moi tous les risques que nous courons; ne craignez pas que je recule, car ma part en ceci est beaucoup moindre que la vôtre!

« Non, non, Georgiana », reprit Aylmer avec impatience, « cela ne doit pas être. »

« Je me soumets », fit-elle avec calme. « Soyez assuré, Aylmer, que je boirai quoi que ce soit que vous me donniez; mais ce sera pour les mêmes raisons qui me feraient prendre une dose de poison, offerte par vous. »

« Ma noble femme », dit Aylmer, profondément ému, « je ne connaissais pas encore la profondeur et la beauté de votre nature. Je ne vous cacherai rien. Sachez donc que cette main écarlate, toute superficielle qu'elle paraisse, a jeté son emprise sur tout votre être, avec une force que je ne soupçonnais pas au début. J'ai déjà eu recours à des agents assez puissants pour accomplir tout, excepté de changer radicalement votre constitution physique. Il n'y a plus que cela qui reste à tenter. Si nous échouons, nous sommes perdus! »

« Pourquoi hésitiez-vous à me dire cela ? » demanda-t-elle.

« Parce que, Georgiana », dit Aylmer à voix basse, « il y a danger à faire cette dernière tentative. »

« Du danger ? Il n'y a qu'un danger, c'est que cet horrible stigmate reste sur ma joue! » s'écria Georgiana. « Enlevez-le! enlevez-le! à quelque prix que ce soit, ou nous deviendrons fous tous les deux! »

« Dieu sait que vos paroles ne sont que trop vraies », dit Aylmer tristement. « Et maintenant, aimée, retournez à votre boudoir. Bientôt l'épreuve sera faite! »

Il la reconduisit et prit congé d'elle avec une tendresse grave qui faisait mesurer mieux que ses paroles l'étendue du risque couru. Après son départ, Georgiana s'absorba dans ses méditations. Elle pesa le caractère d'Aylmer et lui rendit plus complètement justice que jamais. Son cœur s'exalta, malgré ses craintes, à la pensée de son amour si noble, si pur, si élevé qu'il n'acceptait que la perfection et ne pouvait se conten-

perfection, nor miserably make itself contented with an earthlier nature than he had dreamed of. She felt how much more precious was such a sentiment, than that meaner kind which would have borne with the imperfection for her sake, and have been guilty of treason to holy love, by degrading its perfect idea to the level of the actual. And, with her whole spirit, she prayed, that, for a single moment, she might satisfy his highest and deepest conception. Longer than one moment, she well knew, it could not be; for his spirit was ever on the march — ever ascending — and each instant required something that was beyond the scope of the instant before.

The sound of her husband's footsteps aroused her. He bore a crystal goblet, containing a liquor colorless as water, but bright enough to be the draught of immortality. Aylmer was pale; but it seemed rather the consequence of a highly wrought state of mind and tension of spirit, than of fear of doubt.

"The concoction of the draught has been perfect," said he, in answer to Georgiana's look. "Unless all my science have deceived me, it cannot fail."

"Save on your account, my dearest Aylmer," observed his wife, "I might wish to put off this birth-mark of mortality by relinquishing mortality itself, in preference to any other mode. Life is but a sad possession to those who have attained precisely the degree of moral advancement at which I stand. Were I weaker and blinder, it might be happiness. Were I stronger, it might be endured hopefully. But, being what I find, myself, methinks I am of all mortals the most fit to die."

"You are fit for heaven without tasting death!" replied her husband. "But why do we speak of dying? The draught cannot fail. Behold its effect upon this plant!"

On the window-seat there stood a geranium, diseased

ter misérablement d'une nature plus terrestre que celle qu'il avait rêvée. Elle sentit maintenant combien ce sentiment était plus précieux que l'attachement vulgaire, qui se serait accommodé de l'imperfection par considération pour la personne et aurait ravalé l'idéal au niveau du réel. De toute son âme, elle forma le vœu de pouvoir, un seul moment, répondre à cette conception si haute et si splendide. Elle savait que cela ne pouvait être qu'un moment; car la vision du savant idéaliste était toujours en essor, s'élevait sans cesse, exigeant à chaque instant quelque chose de plus compréhensif et de plus beau.

Le bruit des pas de son mari l'éveilla de sa cogitation. Il apportait une coupe de cristal contenant un liquide incolore comme de l'eau, mais d'une clarté assez lumineuse pour être le philtre d'immortalité. Aylmer était pâle; mais sa pâleur semblait plutôt la conséquence d'une pensée en labeur et d'un esprit tendu, que de la crainte et du doute.

« L'élaboration de la potion a été parfaite », dit-il, en réponse au regard de Georgiana. « A moins que toute ma science ne m'ait déçu, ce ne peut pas être un échec. »

« Si ce n'était vous, mon Aylmer très aimé », dit-elle, « je pourrais souhaiter de me libérer de cette marque de la condition mortelle en m'évadant de la condition mortelle elle-même, de préférence à tout autre moyen. La vie n'est qu'un bien chétif pour ceux qui ont atteint le degré d'élévation morale où je me trouve. Si j'étais plus faible ou plus aveugle, ce pourrait être le bonheur. Si j'étais plus forte, je pourrais avoir le courage de concevoir de l'espoir. Etant ce que je suis, il me semble que, de toutes les créatures mortelles, je suis la plus préparée à mourir. »

« Vous êtes digne du ciel sans passer par l'épreuve de la mort », répondit son mari. « Mais pourquoi parler de mourir ? La potion ne peut pas manquer d'être efficace. Voyez son effet sur cette plante! »

Sur le rebord de la fenêtre, il y avait un géranium,

with yellow blotches, which had overspread all its leaves. Aylmer poured a small quantity of the liquid upon the soil in which it grew. In a little time, when the roots of the plant had taken up the moisture, the unsightly blotches began to be extinguished in a living verdure.

" These needed no proof, " said Georgiana, quietly. " Give me the goblet. I joyfully stake all upon your word. "

" Drink, then, thou lofty creature! " exclaimed Aylmer, with fervid admiration. " There is no taint of imperfection on thy spirit. Thy sensible frame, too, shall soon be all perfect. "

She quaffed the liquid, and returned the goblet to his hand.

"It is grateful," said she, with a placid smile. "Methinks it is like water from a heavenly fountain; for it contains I know not what of unobtrusive fragrance and deliciousness. It allays a feverish thirst, that had parched me for many days. Now, dearest, let me sleep. My earthly senses are closing over my spirit, like the leaves around the heart of a rose at sunset."

She spoke the last words with a gentle reluctance, as if it required almost more energy than she could command to pronounce the faint and lingering syllables. Scarcely had they loitered through her lips, ere she was lost in slumber. Aylmer sat by her side, watching her aspect with the emotions proper to a man, the whole value of whose existence was involved in the process now to be tested. Mingled with this mood, however, was the philosophic investigation characteristic of the man of science. Not the minutest symptom escaped him. A heightened flush of the cheek — a slight irregularity of breath — a quiver of the eyelid — a hardly perceptible tremor through the frame — such were the details which, as the moments passed, he wrote down in his folio volume. Intense thought had set its stamp upon every previous page of that volume; but the thoughts of years were all concentrated upon the last.

défiguré par des taches jaunes, qui avaient envahi toutes ses feuilles. Aylmer versa une petite quantité du liquide sur la terre dans laquelle il poussait. En peu de temps, dès que les racines de la plante eurent bu l'humidité, les taches déplaisantes disparurent sous le vert du feuillage régénéré.

« Il n'y a pas besoin de preuves », dit Georgiana. « Donnez-moi la coupe. Je risque ma vie avec joie sur votre parole. »

« Buvez donc! » s'écria Aylmer plein de fervente admiration. « Il n'y a aucune tache d'imperfection sur votre âme. Votre être corporel aussi sera bientôt parfait. »

Elle avala le liquide et lui rendit la coupe.

« C'est agréable », dit-elle, avec un sourire placide. « Il me semble que c'est comme l'eau d'une fontaine divine; il y a je ne sais quel parfum discret et quel goût délicieux. Cela étanche la soif fiévreuse qui me brûlait depuis quelques jours. Maintenant, aimé, laissez-moi dormir. Mon être terrestre se replie sur mon âme, comme les pétales d'une rose se resserrent sur son cœur à la tombée du jour. »

Elle fit avec difficulté l'effort de prononcer ces derniers mots, comme s'il fallait plus d'énergie qu'elle n'en pouvait rassembler pour articuler les syllabes d'une voix faible et lente. A peine s'étaient-elles attardées sur ses lèvres qu'elle tomba dans un profond sommeil. Aylmer resta assis auprès d'elle, l'observant avec l'émotion d'un homme dont toute l'existence était engagée dans le résultat de l'expérience tentée en ce moment. Unie à ces sentiments, cependant, subsistait la froide observation scientifique, qui caractérise le chercheur. Aucun symptôme, si menu qu'il fût, ne lui échappait. Une teinte plus colorée sur la joue, une légère irrégularité de respiration, une vibration de la paupière, un tremblement à peine perceptible du corps, tels étaient les détails qu'il écrivait de minute en minute dans son in-folio. Les pages déjà écrites portaient toutes l'empreinte d'une grande

While thus employed, he failed not to gaze often at the fatal Hand, and not without a shudder. Yet once, by a strange and unaccountable impulse, he pressed it with his lips. His spirit recoiled, however, in the very act, and Georgiana, out of the midst of her deep sleep, moved uneasily and murmured, as if in remonstrance. Again, Aylmer resumed his watch. Nor was it without avail. The Crimson Hand, which at first had been strongly visible upon the marble paleness of Georgiana's cheek, now grew more faintly outlined. She remained not less pale than ever; but the birth-mark, with every breath that came and went, lost somewhat of its former distinctness. Its presence had been awful; its departure was more awful still. Watch the stain of the rainbow fading out of the sky; and you will know how that mysterious symbol passed away.

"By Heaven, it is well-nigh gone!" said Aylmer to himself, in almost irrepressible ecstasy. "I can scarcely trace it now. Success! Success! And now it is like the faintest rose-color. The slightest flush of blood across her cheek would overcome it. But she is so pale!"

He drew aside the window-curtain, and suffered the light of natural day to fall into the room, and rest upon her cheek. At the same time, he heard a gross, hoarse chukle which he had long known as his servant Aminadab's expression of delight.

"Ah, clod! Ah, earthly mass!" cried Aylmer, laughing in a sort of frenzy. "You have served me well! Matter and Spirit — Earth and Heaven — have both done their part in this! Laugh, thing of the senses! You have earned the right to laugh."

These exclamations broke Georgiana's sleep. She slowly unclosed her eyes, and gazed into the mirror, which her husband had arranged for that purpose. A

tension de pensée, mais l'effort intellectuel de toute sa vie se concentra dans le dernier feuillet.

Ainsi occupé, il ne manquait pas de regarder souvent la main fatale, non sans frissonner. Cependant, une fois, par une impulsion étrange et inexplicable, il y posa ses lèvres. Tout son être spirituel recula, quand il accomplit cet acte, et Georgiana, au milieu de son profond sommeil, bougea comme sous l'impression d'une gêne et eut l'air de murmurer un reproche. Aylmer reprit son observation. Ce n'était pas inutile. La main écarlate qui, au début, avait été distinctement visible sur la pâleur de marbre de la joue de Georgiana, s'effaça quelque peu. La jeune femme était toujours aussi pâle, mais, à chaque mouvement de la respiration, la marque perdait quelque chose de la précision de ses contours. Sa présence avait été terrible; sa disparition le fut plus encore. Observez les couleurs de l'arc-en-ciel s'éteindre dans le firmament, et vous saurez comment ce mystérieux symbole disparut.

« Par le ciel, la marque est presque partie! » murmura Aylmer, en une exaltation de bonheur. « Je ne puis presque plus la voir. Victoire! Victoire! Et voici que ce n'est plus qu'une légère teinte rosée. Le plus petit afflux de sang à la joue la noierait. Mais que Georgiana est pâle! »

Il écarta les rideaux de la fenêtre et laissa la lumière naturelle du jour pénétrer dans la chambre et se poser sur la joue de la jeune femme. Au même moment, il entendit un éclat de voix rude et grossier, dans lequel il reconnut la manière de son serviteur Aminadab d'exprimer sa joie.

« Ah, motte de terre, masse de limon! » s'écria Aylmer, riant lui aussi d'un rire à demi égaré. « Tu as bien rempli ton office. La matière et l'esprit, la terre et le ciel ont tous deux joué leur rôle en ceci! Tu peux rire, être de sensation! Tu en as gagné le droit. »

Ces exclamations tirèrent Georgiana de son sommeil. Elle ouvrit lentement les yeux et regarda dans la glace que son mari avait disposée à cet effet. Un faible

faint smile flitted over her lips, when she recognized how barely perceptible was now that Crimson Hand, which had once blazed forth with such disastrous brilliancy as to scare away all their happiness. But then her eyes sought Aylmer's face, with a trouble and anxiety that he could by no means account for.

"My poor Aylmer!" murmured she.

"Poor? Nay, richest! Happiest! Most favored!" exclaimed he. "My peerless bride, it is successful! You are perfect!"

"My poor Aylmer!" she repeated, with a more than human tenderness. "You have aimed loftily! — you have done nobly! Do not repent that with so high and pure a feeling, you have rejected the best the earth could offer. Aylmer — dearest Aylmer, I am dying!"

Alas, it was too true! The fatal Hand had grappled with the mystery of life, and was the bond by which an angelic spirit kept itself in union with a mortal frame. As the last crimson tint of the birth-mark — that sole token of human imperfection — faded from her cheek, the parting breath of the now perfect woman passed into the atmosphere, and her soul, lingering a moment near her husband, took its heavenward flight. Then a hoarse, chuckling laugh was heard again! Thus ever does the gross Fatality of Earth exult in its invariable triumph over the immortal essence, which, in this dim sphere of half-development, demands the completeness of a higher state. Yet, had Aylmer reached a profounder wisdom, he need not thus have flung away the happiness which would have woven his mortal life of the self-same texture with the celestial. The momentary circumstance was too strong for him; he failed to look beyond the shadowy scope of Time, and living once for all in Eternity, to find the perfect Future in the present.

sourire flotta sur ses lèvres, lorsqu'elle s'aperçut combien peu il restait maintenant de cette main écarlate, dont l'éclat brillant autrefois avait jeté l'épouvante entre les deux époux et chassé leur bonheur. Puis ses yeux se portèrent vers Aylmer avec un trouble et une anxiété dont il ne pouvait comprendre la cause.

« Mon pauvre Aylmer! » murmura-t-elle.

« Pauvre ? Non, riche, heureux, fortuné! » s'écria-t-il. « Ma femme admirable, l'expérience a réussi! Vous êtes parfaite! »

« Mon pauvre Aylmer! » répéta-t-elle avec une tendresse plus qu'humaine. « Vous avez placé votre but très haut! Vos actes ont été entièrement nobles! Ne regrettez pas qu'avec des sentiments aussi élevés et aussi purs vous perdiez ce que la terre pouvait vous offrir de meilleur. Aylmer, mon Aylmer aimé, je meurs! »

Hélas, ce n'était que trop vrai! La main fatale avait étendu son étreinte au mystère même de la vie; c'était le lien par lequel l'âme angélique restait unie au corps mortel. Au moment où le rose évanescent de la marque — seul signe d'imperfection humaine — s'effaça de la joue, le dernier soupir s'échappa des lèvres de la jeune femme, parfaite maintenant, et son âme, après s'être attardée un instant près de son mari, s'envola au ciel. Alors le rire rude et grossier se fit entendre de nouveau! Ainsi la lourde fatalité de la Terre exulte en son triomphe invariable sur l'essence immortelle qui, dans notre sphère obscure de demi-développement, a besoin de la pureté d'une condition plus haute. Cependant, si Aylmer avait possédé une sagesse plus profonde, il n'aurait pas ainsi rejeté le bonheur qui aurait tissé son existence mortelle de la trame même de la vie immortelle. Le détail éphémère avait été trop pour lui; il n'avait pas su porter ses regards au-delà du cours du Temps et, vivant une fois pour toutes dans l'Eternité, trouver dans le présent la perfection de la vie future.

BIBLIOGRAPHIE

1. Editions des *Contes* de Hawthorne :

— Hawthorne's *Short Stories,* éd. et introduction de Newton Arvin, New York, Alfred A. Knopf, 1961.
— Tales and Sketches, éd. R.H. Pearce, New York, the Library of America, 1982 (édition des contes complets).
— *Tales,* édités et choisis par James McIntosh, Norton Critical Edition, New York, Londres, W.W. Norton & Company, 1987.

2. Articles et ouvrages critiques.

BANCROFT, George. *The History of the United States of America* (1834-1874). Abridged and edited by Russell B. Nye, Chicago University Press, 1969.

BAYM, Nina. *The Shape of Hawthorne's Career.* Ithaca, N.Y. : Cornell University Press, 1971.

BAYM, Nina. *Novels, Readers and Reviewers : Responses to Fiction in Antebellum America.* Cornell UP, 1984.

BELL, Michael Davitt. *The Development of the American Romance : The Sacrifice of Relation.* Chicago : University of Chicago Press, 1980.

BERCOVITCH, Sacvan. *The American Jeremiad.*. Madison : University of Wisconsin Press, 1978.

BORGES, Jorge Luis. « Nathaniel Hawthorne ». Conférence prononcée à Buenos Aires en mars 1949, repris dans l'édition McIntosh, 405-415.

BRODHEAD, Richard H. *The School of Hawthorne,* Oxford UP, 1986.

BROOKS, Van Wyck. *The Flowering of New England, 1815-1865.* New York, 1936. Trad. *L'Âge d'Or de la Nouvelle-Angleterre. I. Le Printemps de Boston (1812-1840),* tr. Georges Hugo, Paris : Vent d'Ouest, 1968.

CHARVAT, William. *The Profession of Authorship in America.* M. Bruccoli éd., Columbus : Ohio State UP, 1968.

CHASE, Richard. *The American Novel and Its Tradition.* Garden City, N. J. : Doubleday & Co, 1957.

COLACURCIO, Michael. *The Province of Piety : Moral History in Hawthorne's Early Tales.* Cambridge, Mass. : Harvard UP, 1984.

CREWS, Frederick. *The Sins of the Fathers : Hawthorne's Psychological Themes.* New York : Oxford UP, 1966.

DOUBLEDAY, Neal Frank. *Hawthorne's Early Tales : A Critical Study.* Durham, NC : Duke UP, 1972.

ELIOT, T.S. « The Hawthorne Aspect ». *The Little Review* 5 (August 1918).

FOGLE, Richard Harter. *Hawthorne's Fiction : The Light and the Dark.* Norman : University of Oklahoma Press, 1952.

FUSSELL, Edwin. *Frontier : American Literature and the American West.* Princeton : Princeton UP, 1965.

GREEN, Julien. *Un puritain homme de lettres : N. Hawthorne.* Toulouse, 1928.

HEILMAN, Robert B. « Hawthorne's "The Birthmark" : Science as Religion ». *The South Atlantic Quarterly* 48 (October 1949), repris dans l'édition McIntosh, 421-27.

JAMES, Henry. *Hawthorne.* English Men of Letters Series, 1979. Rpt. Ithaca, N.Y. : Cornell UP, 1956, et repris dans l'édition McIntosh, 350-56.

LAWRENCE, D.H. *Studies in Classic American Literature.* New York : T. Selzer, 1923. Rpt. New York : Viking Press, 1964.

LEAVIS, Q.D. « Hawthorne as Poet », *Sewanee Review* 59 (Spring 1951), repris dans l'édition McIntosh, 358-371 (notamment sur le conte « My Kinsman, Major Molineux »).

LUNDBLAD, Jane. *Nathaniel Hawthorne and the Tradition of Gothic Romance.* Upsala and Cambridge : Harvard UP, 1946.

MARX, Leo. *The Machine in the Garden : Technology and the Pastoral Ideal in America.* New York : Oxford UP, 1964.

MAYOUX, Jean-Jacques. « Hawthorne et ses miroirs », in *Vivants Piliers : le roman anglo-saxon et les symboles.* Paris : Lettres Nouvelles, Julliard, 1960. 2e édition Paris : Maurice Nadeau, 1985.

MELVILLE, Herman. « Hawthorne and His Mosses. » *The Literary World*, 24 Aug. 1850. Repris dans l'édition McIntosh, 337-350.

MICKLUS, Robert. « Hawthorne's Jekyll and Hyde : The Aminadab in Aylmer. » *Literature and Psychology* 29 (1979) : 148-59.

NORMAND, Jean. *Nathaniel Hawthorne : Esquisse d'une analyse de la création artistique.* Paris : PUF, 1964.

PEARCE, Roy Harvey, éd. *Hawthorne Centenary Essays.* Columbus : Ohio State University Press, 1964.

PÉTILLON, Pierre-Yves. *La grand-route : Espace et écriture en Amérique.* Paris : Éd. du Seuil, coll. « Fiction & Cie », 1979.

PÉTILLON, Pierre-Yves. *L'Europe aux anciens parapets.* Paris : Éd. du Seuil, coll. « Fiction & Cie », 1986.

PÉTILLON, Pierre-Yves. « "1630 & All That" : de l'Amérique Puritaine ». *Études Anglaises* XLII, nº 1 (1989).

REVUE FRANÇAISE D'ÉTUDES AMÉRICAINES, Marc Chénetier et P.-Y. Pétillon eds, *Histoire et Fiction,* 31 (février 1987).

REYNOLDS, David. *Beneath the American Renaissance : The Subversive Imagination in the Age of Emerson and Melville.* New York : Alfred A. Knopf, 1988.

STEARNS, Frank Preston. *The Life and Genius of Nathaniel Hawthorne.* Philadelphia : Lippincott, 1906.

STEIN, William Bysshe. *Hawthorne's Faust : A Study of the Devil Archetype.* Gainesville : University of Florida Press, 1953.

STEWART, Randall. *Nathaniel Hawthorne : A Biography.* New Haven : Yale UP, 1948.

STOEHR, Taylor. *Hawthorne's Mad Scientists : Pseudoscience and Social Science in Nineteenth-Century Life and Letters.* Hamden, CT : Archon, 1978.

TURNER, Arlin. *Nathaniel Hawthorne : A Biography.* New York : Oxford UP, 1980.

WAGGONER, Hyatt H. *Hawthorne : A Critical Study.* Cambridge : Harvard UP, 1955. Rev. éd. Cambridge : Harvard UP, 1963.

WRIGHT, John W. « Borges and Hawthorne. » *Prose for Borges,* éd. Charles Newman. Evanston : Northwestern UP, 1974, 286-307.

ZIFF, Larzer. *Puritanism in America.* New York : Viking, 1973.

CHRONOLOGIE

1804 : Naissance le 4 juillet du second enfant de Nathaniel Hathorne, capitaine de la marine marchande, et d'Élizabeth Manning Hathorne.

1808 : Le père meurt de la fièvre jaune en Guyane hollandaise (Surinam). Nathaniel, sa mère et ses deux sœurs, Elizabeth et Louisa, viennent s'installer chez les Manning, ses grands-parents.

1813-14 : Nathaniel se blesse au pied en jouant au ballon. Quatorze mois durant, il souffrira de claudication. Il vivra claustré et n'ira pas à l'école.

1816-19 : Vit la plupart du temps à Raymond, dans le Maine, où les Manning possédaient une propriété près du lac Sebago, dans une région très sauvage. Nathaniel est envoyé à l'école de Portland.

1819-21 : Rentre à Salem pour se préparer à l'Université, tandis que sa mère et sa sœur aînée (« Ebe ») restent à Raymond. Pendant deux ans il étudie auprès d'un avoué de Salem qui est féru de science et qui possède un laboratoire avec divers instruments dont on retrouve un écho dans les *Contes*.

1821-25 : Fait ses études à Bowdoin College (Brunswick, Maine). Parmi ses condisciples se trouvent l'écrivain Henry Wadsworth Longfellow et Franklin Pierce, qui deviendra le quatorzième président des États-Unis, mais il se tient à l'écart des cercles littéraires et fait des études sans grand éclat.

1825-39 : Vit à Salem dans la maison familiale d'Herbert Street où il a passé son enfance. Durant cette période, il effectue quelques voyages et randonnées l'été, et se rend peut-être aux chutes du Niagara.

1825-30 : Lit beaucoup, notamment l'histoire de la Nouvelle-Angleterre.

1828 : Publie anonymement *Fanshawe,* roman mélodramatique situé dans une ville universitaire de province, et qui ne rencontra guère de succès. Hawthorne renia ce premier roman et ne voulut plus en entendre parler.

1829 : Correspond avec Samuel Goodrich au sujet de ses premiers contes. Goodrich, qui trouvait *Fanshawe* prometteur, était rédacteur en chef du *Token,* revue annuelle paraissant pour Noël où étaient publiés de courts essais, de la fiction et de la poésie.

1830 : Sa première esquisse, « Sights from a Steeple », est publiée anonymement en octobre dans *The Token.* Son premier conte, « The Hollow of the Three Hills », est publié en novembre dans la *Salem Gazette.*

1831 : Premiers contes importants : « My Kinsman, Major Molineux », « Roger Malvin's Burial » et « The Gentle Boy », tous publiés dans *The Token.*

1830-39 : Publie plus de soixante-dix contes et esquisses dans divers magazines et dans *The Token.*

1834 : Achève le manuscrit de « The Story Teller », un recueil de contes remarquables pour leur mode oblique de narration. Cette œuvre ambitieuse ne fut jamais publiée dans son ensemble, et le manuscrit disparut.

1836 : Devient rédacteur en chef de l'*American Magazine of Useful and Entertaining Knowledge,* son premier emploi fixe, et part résider à Boston, où il restera huit mois.

1837 : Publication des *Twice-Told Tales,* pour lesquels Longfellow écrit un article louangeur, qui rapprochera les deux écrivains. Il commence à fréquenter la famille Peabody, dont il fait la connaissance en novembre.

1839 : Se fiance avec Sophia Peabody.

1839-41 : Inspecteur dans le bureau des douanes de Boston, dont on retrouvera l'écho dans le prologue de *The Scarlet Letter.* Il en démissionnera le 1er janvier 1841, après deux années dans cet emploi jugé trop rébarbatif et peu propice à l'écriture.

1840-41 : Publie *Grandfather's Chair,* une histoire de la Nouvelle-Angleterre racontée aux enfants.

1841 : Achète des parts dans la communauté de Brook Farm située à West Roxbury, dans le Massachusetts, qui s'inspire du fouriérisme. Il part s'y installer d'avril à novembre, mais très vite l'expérience tourne court : Hawthorne ne se sent pas suffisamment impliqué, et tentera en vain de récupérer son investissement initial.

1842 : Deuxième édition augmentée des *Twice-Told Tales.* Épouse Sophia Peabody le 9 juillet, et s'installe avec elle dans The Old Manse (Le Vieux Presbytère) à Concord, dans le Massachusetts, qu'il habitera jusqu'en octobre 1845. Pendant son séjour, il approfondira ses relations avec les Transcendentalistes (Emerson, Thoreau, Fuller, Channing).

1842-45 : Écrit et publie une vingtaine de contes et d'esquisses, dont « The Birth-Mark », « The Celestial Railroad » (1843), « The Artist of the Beautiful », « Drowne's Wooden Image » et « Rappaccini's Daughter » (1844).

1844 : Naissance d'une fille, Una.

1845 : En octobre, les Hawthorne reviennent à Salem, au milieu de sérieuses difficultés financières.

1846 : Publication d'un troisième recueil de contes, *Mosses from an Old Manse.* Grâce à l'influence politique de ses amis démocrates comme Horatio Bridge ou Franklin Pierce, il obtient un poste au bureau des douanes de Salem, qu'il prend fin août 1846, et qu'il conservera jusqu'en 1849. La même année voit la naissance de son fils Julian.

1846-48 : Écrit assez peu durant cette période. Hawthorne donne quelques articles au *Salem Advertiser,* notamment sur le *Typee* de Melville et la ballade de Longfellow, « Evangeline » (1847).

1849 : Perd son poste en juin à la suite de la victoire électorale des whigs en 1848. Décès de sa mère en juillet. Il commence *The Scarlet Letter* en septembre. Publie « Main Street », où il évoque l'histoire de Salem des origines à l'élection du président whig Zachary Taylor, qui lui valut son renvoi.

1850 : Publication de *The Scarlet Letter.* S'installe à Lenox, à l'ouest du Massachusetts. La même année Melville achète

une ferme à Pittsfield, non loin de là. Publie « Ethan Brand ».

1851 : Publication de *The House of the Seven Gables,* de *The Snow Image and Other Twice-Told Tales,* écriture de « Feathertop » (publié en 1852), son dernier conte. Publie également *The Wonder Book,* un recueil de mythes classiques racontés aux enfants, qui aura un vif succès. Sa fille Rose naît en mai. La famille déménage à West Newton, à l'est du Massachusetts, en novembre.

1852 : Publication de *The Blithedale Romance,* roman fondé en partie sur l'expérience de Brook Farm. Hawthorne publie une biographie de Franklin Pierce destinée à sa campagne pour la présidence des États-Unis. Pierce est élu en novembre.

1853 : Publication des *Tanglewood Tales,* un autre recueil de mythes destiné aux enfants. Obtient grâce à Pierce le poste de consul des États-Unis à Liverpool, en Angleterre. Les Hawthorne s'y installent en juillet. Hawthorne restera consul à Liverpool jusqu'en 1857.

1854 : Deuxième édition de *Mosses from an Old Manse.*

1857-59 : Voyage et vit en Italie, notamment à Rome et Florence.

1859 : Revient en Angleterre pour terminer *The Marble Faun* (*Le Faune de marbre*).

1860 : Publication de *The Marble Faun,* son dernier roman. Revient aux États-Unis, dans sa maison de Concord, the Wayside.

1863 : Publication de *Our Old Home,* livre de réflexions sur son séjour anglais.

1864 : Effectue un dernier voyage, en se sachant apparemment condamné. Meurt le 10 mai à Plymouth, dans le New Hampshire, en la présence de Franklin Pierce.

TABLE

CONTES

PUBLICATIONS NOUVELLES

BALZAC
Un début dans la vie (613).

BAUDELAIRE
Les Fleurs du mal (527).

BECCARIA
Des Délits et des peines (633).

CALDERON
La Vie est un songe (693).

CASTIGLIONE
Le Livre du courtisan (651).

CHATEAUBRIAND
Vie de Rancé (667).

CHRÉTIEN DE TROYES
Le Chevalier au lion (569). Lancelot ou le chevalier à la charrette (556).

CONRAD
Nostromo (560). Sous les yeux de l'Occident (602).

CUVIER
Recherches sur les ossements fossiles de quadrupèdes (631).

DANTE
L'Enfer (725). Le Purgatoire (724). Le Paradis (726).

DARWIN
L'Origine des espèces (685).

DOSTOÏEVSKI
L'Eternel Mari (610). Notes d'un souterrain (683).

DUMAS
Les Bords du Rhin (592).

FIELDING
Joseph Andrews (558).

FITZGERALD
Absolution. Premier mai. Retour à Babylone (695).

FLAUBERT
Mémoires d'un fou. Novembre (581).

FROMENTIN
Une année dans le Sahel (591).

GAUTIER
Le Capitaine Fracasse (656).

GOETHE
Les Affinités électives (673).

GOGOL
Tarass Boulba (577). Les Ames mortes (576).

HUME
Enquête sur les principes de la morale (654). Les Passions. Traité sur la nature humaine, livre II - Dissertation sur les passions (557).

JAMES
Histoires de fantômes (697).

KAFKA
Dans la colonie pénitentiaire et autres nouvelles (564).

KANT
Vers la paix perpétuelle. Que signifie s'orienter dans la pensée. Qu'est-ce que les Lumières ? (573).

KLEIST
La Marquise d'O (586). Le Prince de Hombourg (587). Michel Kohlhaas (645).

LAXNESS
La Cloche d'Islande (659).

LOCKE
Lettre sur la tolérance et autres textes (686).

LOPE DE VEGA
Fuente Ovejuna (698).

LOTI
Madame Chrysanthème (570). Le Mariage de Loti (583).

LUTHER
Les Grands Ecrits réformateurs (661).

MACHIAVEL
L'Art de la guerre (615).

MALAPARTE
Sang (678).

MALTHUS
Essai sur le principe de population (708 et 722).

MARIVAUX
Les Acteurs de bonne foi. La Dispute. L'Epreuve (166). La Fausse Suivante. L'Ecole des mères. La Mère confidente (612).

MAUPASSANT
Notre cœur (650). Boule de suif (584). Pierre et Jean (627).

MELVILLE
Mardi (594). Omoo (590). Benito Cereno-La Veranda (603).

MICHELET
Le Peuple (691).

MORAVIA
Agostino (396). La Ciociara (535). Les Indifférents (662).

MORAND
Hiver Caraïbe (538).

NERVAL
Aurélia et autres textes autobiographiques (567).

NOVALIS
Henri d'Ofterdingen (621).

NIETZSCHE
Le Livre du philosophe (660). Ecce homo – Nietzsche contre Wagner (572).

PÉREZ GALDOS
Tristana (692).

PLATON
Ménon (491). Phédon (489). Timée-Critias (618).

PLAUTE
Théâtre (600).

PREVOST
Histoire d'une grecque moderne (612).

QUESNAY
Physiocratie (655).

RILKE
Elégies de Duino - Sonnets à Orphée (674).

SÉNÈQUE
Lettres à Lucilius, I-29 (599).

SHAKESPEARE
Henry V (658). La Tempête (668). Beaucoup de bruit pour rien (670). Roméo et Juliette (669).

SMITH
La Richesse des nations (626 et 598).

STAEL
De l'Allemagne (166 et 167). De la littérature (629).

STEVENSON
L'Ile au Trésor (593). Voyage avec un âne dans les Cévennes (601).

STRINDBERG
Tschandala (575).

TCHEKHOV
Maître et serviteur (606).

TÉRENCE
Théâtre (609).

THACKERAY
Barry Lyndon (559). Le Livre des snobs (605).

TOLSTOÏ
La Steppe (714).

VILLIERS DE L'ISLE-ADAM
L'Eve future (704).

Vous trouverez chez votre libraire le catalogue complet des livres de poche GF-Flammarion et Champs-Flammarion.

GF – TEXTE INTÉGRAL – GF

92/12/M1183-III-1993 – Impr. MAURY Eurolivres SA, 45300 Manchecourt.
N° d'édition 14342. – Avril 1993. – Printed in France.